기 적 의 문 을 여 는
일곱 가지 능력 진리

기적의 문을 여는 일곱 가지 능력 진리

발행　　2022년 10월 22일

지은이　　이윤호
발행인　　윤상문
디자인　　박진경, 장미림
발행처　　킹덤북스
등록　　제2009-29호(2009년 10월 19일)
주소　　경기도 용인시 기흥구 동백동 622-2
문의　　전화 031-275-0196 팩스 031-275-0296

ISBN 979-11-5886-247-3 03230

Copyright ⓒ 2022 이윤호
이 책은 저작권법에 따라 보호받는 저작물이므로 무단전재와 복제를 금지하며, 이 책의 내용의 전부 또는 일부를 이용하려면 반드시 저작권자와 킹덤북스의 서면 동의를 받아야 합니다.

※ 잘못된 책은 구입하신 곳에서 교환하여 드립니다.
※ 책 가격은 표지 뒷면에 있습니다.

킹덤북스(Kingdom Books)는 문서 사역을 통해 하나님의 나라를 확장하고, 한국 교회와 세계 교회를 섬기고자 설립된 출판사입니다.

기적의 문을 여는
일곱 가지 능력 진리

이윤호 박사 지음

Seven Power Truths to open the Floodgates of Miracle

킹덤북스
Kingdom Books

목 차

추천사   6
들어가는 말   10

1부   기적의 창문을 열자   23
1장 • 영적 무지에서 해방되면, 인생의 승리가 보인다   26

2부   기적이 늘 따르게 하라   37
2장 • 하나님의 치유를 체험하라   40
3장 • 내적 치유로 속사람을 강건하게 하라   50
4장 • 영적 전쟁에서 승리하라   61
5장 • 위로부터 온 능력을 덧입어라   71
6장 • 영적 권세로 세상을 정복하라   81
7장 • 능력 기도로 장애물을 파쇄하라   91
8장 • 초자연적인 보호를 주장하라   102

기 적 의 문 을 여 는 **일곱 가지 능력 진리**

3부 사명자로 끝을 잘 마무리하라 113

9장 • 최후 승리를 향해 도전하라 115

나가는 말 131
부록 147
용어 연구(Word Studies) 148
　미주 152
두나미스 영성치유상담연구원 155

추천사

이윤호 박사의 책은 성도들이 삶의 현장에서 계속해서 경험할 수 있도록 도와주는 매우 소중한 영적 안내서이다. 본서를 통하여 한국 교회의 많은 목회자와 성도들이 "기적이 상식이 되는 삶"을 실제로 경험함으로써 "눈에 보이는 복음"을 담대하게 전할 수 있기를 바라며 간절한 마음으로 이 책을 적극적으로 추천한다.

주승중 목사(주안장로교회 위임목사, 전 장로회신학대학교 예배설교학 교수)

저자 이윤호 박사는 학문성이 가장 탁월한 선교학자 중 한 분으로서, 말씀 사역과 치유 사역을 두루 경험하신 실천신학자요 실천가이시다. 그의 새로운 저서는 저자의 깊은 학문적 연구와 오랜 사역 경험의 산물이다. 하나님께서는 오늘날도 기적을 행하시며 현대 의학으로 치유할 수 없는 불치의 병들을 치유하신다. 따라서 주님의 재림 때까지 영적 전투와 축사 사역과 치유 사역은 계속되어야 할 것이다. 이 책이 독자들의 신앙과 생활에 활력을 불어 넣어주고 승리하는 삶을 살게 하는데 큰 도움을 줄 것을 확신하기에 기꺼이 추천한다.

박기호 박사(풀러신학교 선교대학원 원로교수, 전 필리핀 선교사)

탁월한 선교사이자 상담가인 이윤호 박사의 책은 기적이라는 하나님의 영역을 복음의 진리로 탐구한 매우 통찰력 있는 작품이다. 또한 기적에 대한 성경적인 관점을 사람들의 불신 상황 속에 잘 적용한 저술이다. 다양한 신학적 견해들을 성경적인 시각으로 잘 평가하면서도 기적이라는 현상 이후에 존재하는 하나님의 진리 법칙을 잘 증거하고 있다. 이 귀한 책을 통해 많은 목회자와 성도들이 기적의 하나님을 외면하고 부인하는 불신앙의 장막을 걷어 젖히고 하나님의 진리 법칙을 따라 살아가기를 소망하며 기꺼이 추천한다.

이재훈 목사(온누리교회 위임목사)

나는 새에덴교회의 지난 33년간의 목회를 회상하면서, 이 모든 것이 하나님의 기적이었음을 고백합니다. 그래서 마가복음 16장 17-20절에 말씀에 근거하여, 이윤호 박사가 신자의 정상적인 삶과 사역에 기적이 동반되는 것을 역설하는 『기적의 문을 여는 일곱 가지 능력 진리』라는 책에 대해 뜨거운 지지와 격려를 보냅니다. 본서를 통해 신자들이 하나님의 기적을 경험하면 할수록 기적의 주인공이신 하나님을 더욱더 깊이 친밀하게 만나기를 바랍니다. 더 나아가서, 기적이 따르는 능력 전도를 통해 마지막 때에 더 많은 영혼이 하나님께 돌아와서 그의 나라가 더욱 확장되기를 소망합니다.

소강석 목사(새에덴교회 담임목사, 한국교회총연합 대표회장 역임)

은사 중지론은 신학과 교회의 역사에서 종종 논쟁이 된 문제였다. 그러나 성경 그대로 믿고 하나님의 능력을 깊이 체험한 이윤호 박사의 책은 성경에 기록된 하나님의 능력 현상이 오늘날에도 작동한다는 확신 있는 증언은 교회에 큰 도전이 된다. 다만 그리스도의 성품을 닮는 인격의 변화와 복음의 말씀으로 드러나는 하나님 나라에 관한 언급이 거의 없는 것은 감안하고 읽어야 할 것이다. 한국 교회가 몸과 마음과 영혼, 개인과 사회와 역사의 변혁을 포괄하는 성경적 신유의 능력을 충만하게 경험하길 바라며 필독을 권한다.

지형은 목사(성락성결교회 담임목사, 기독교대한성결교회 총회장)

이윤호 박사의 귀한 책이 세상 밖으로 나오게 된 것을 진심으로 축하

하며, 하나님께 영광을 돌린다. 저자의 깊은 성경적 통찰력과 교회사적인 탐구를 통한 정확한 해석과 이론뿐 아니라 실제 체험한 사실을 진솔하게 그린, 그리고 기적의 삶을 어떻게 살 것인가를 구체적으로 제시하는 그의 영적 통찰력은 하나님의 은혜의 기적을 기다리며 거룩한 삶을 살고자 앙망하는 영적 순례자들에겐 큰 길을 제시해 준다. 이 책을 읽는 모든 독자에게 기적이 상식이 되는 삶을 살 수 있는 세계가 열리기를 간절히 바라며 일독을 권한다.

김찬기 교수(건양대학교대학원 치유선교학과 학과장)

사실 하나님과 함께 사는 사람들에게는 기적이 늘 상식이다. 광야 이스라엘 백성들에게는 40년 동안 단 하루도 하나님 임재의 기적에서 벗어난 적이 없었다. 이윤호 박사는 지난 30년 이상 수많은 사람에게 전인치유 사역을 감당하며 누구보다도 기적 체험을 많이 경험하였다. 저자가 쌓은 노하우는 하늘을 찌를 것 같다. 성경적 기반 위에서 체험한 실제를 신학적으로 잘 제시한 본서는 하나님과 더불어 만들어진 걸작품이다. 한국 교회의 치유 교과서로서 손색이 없는 탁월한 작품이다. 그래서 독자들은 본서의 출간을 가슴 설레이며 기다릴 줄 믿고 필독을 권한다.

강문호 목사(성막세미나 주강사, 갈보리감리교회 원로목사, 충주 봉쇄수도원 원장)

── 들어가는 말 ──

상식이 기적인가? 기적이 상식인가?

기적은 많은 신자에게 어느새 매우 낯선 단어가 되어 버렸다. 특히 복음주의적 말씀파 신자들에게는 더욱더 그렇다. 더구나 이런 부류의 신자들은 기적을 체험했다고 간증하거나 강조하는 신자들을 비정상적이거나 광신자로 취급하곤 한다. 요즘 신세대의 언어를 빌리자면, 그들의 눈에는 후자의 신자들은 '저급하기' 그지없다. 복음주의적 말씀파 신자들은 후자의 신자들을 표적이나 따라다니는 이상한 신자들로 여긴다. 하지만 이런 신자들도 불치병 같은 위기 상황에서는 자신의 신학(?)을 바꿔 능력자들을 찾아다닌다. 반면에 나는 이런 상황에서도 심지어 자신들이 평소 가졌던 태도를 고수하며 위기의 상황을 기꺼이 수용하는 신자들을 목격하였다. 이런 신자들은 하나님이 그들에게 주신 고난을 잘 감당했다고 간증한다. 나 자신도 오랫동안 복음주의적 말씀파 신자로서 이런 태도를 견지해 왔었다.

그런데 나는 선교사가 되기 위해 미국 풀러신학교 선교대학원 수학 시절 한 놀라운 사건을 통해 큰 변화를 경험했다. 1986년 8월에 피터 와그너 박사의 교회성장학 강의를 듣게 되었다. 강의 중 휴식 시간에 한 학생이 와그너 박사에게 다가와 자신의 질병을 위해 기도해 달라고 요청하였다. 와그너 박사는 그 학생에게 어디가 아프냐고 물었다. 그 학생은 허리가 아프다고 대답하였다. 그때 와그너 박사는 그 학생에게 언제부터 어떻게 허리가 아프기 시작했느냐고 물었다. 그 후, 그 학생을 의자에 앉게 하였다. 그리고 난 후, 양쪽 다리를 뻗게 한 후, 양쪽 다리의 길이를 재어 보았다. 오른쪽 다리가 왼쪽 다리와 비교해 약 5센티미터가량 짧았다. 와그너 박사는 아주 짧게 기도하였으나, 매우 권세 있는 명령의 기도였다. "예수님의 이름으로 명령하노니, 오른쪽 다리는 지금 자랄지어다!" 그런데, 와그너 박사의 기도 후 짧은 오른쪽 다리는 뻗어 나와 왼쪽 다리의 길이와 같게 되었다. 나의 생애 가운데서 처음 목격한 "신기한" 사건이었다. 나는 신학교 교수가 그와 같이 권세 있게 기도를 하는 것을 본 적이 없었다. 그 후, 나는 치유 사역을 포함한 기적에 관심을 갖게 되었다. 그 당시 나는 선교사 후보생으로서 선교사 출신의 교수들로부터 효과적인 선교 사역을 위해 기적을 통한 '눈에 보이는 복음'이 매우 필요하다는 사실을 배우게 되었다(마 11:4; 행 8:6; 고전 2:4,5 참조). 특히, 지난 7년간 인도네시아에서 회교 선교를 하면서 "보는 복음"의 필요성을 절감하게 되었다.

사실상 초대 교인들에게 기적은 상식이 되었다. 성령의 역사로 인한 신자들의 사역을 기록한 사도행전은 치유, 축귀, 능력 전도 등 수많은 기적의 사건들로 꽉 차 있다. 사도행전은 사실상 성령행전이다. 사도행전은 또한 사도들뿐만 아니라 성령 충만한 모든 성도의 기적 행전이다. 초대 교회는 성령 강림과 더불어 탄생하였다. 초대 교회 신자들에게 임했던 성령의 역사는 기적의 역사로 이미 예고된 것이었다. "이는 곧 선지자 요엘로 말씀하신 것이니 일렀으되 하나님이 가라사대 말세에 내가 내 영으로 모든 육체에게 부어 주리니 너희의 자녀들은 예언할 것이요 너희의 젊은 이들은 환상을 보고 너희의 늙은이들은 꿈을 꾸리라 그 때에 내가 내 영으로 내 남종과 여종들에게 부어 주리니 저희가 예언할 것이요"(행 2:17-18; 욜 2:28-32). 사도행전의 기적은 사실상 예수님의 기적 사역의 연장인 동시에 확장이다. "이스라엘 사람들아 이 말을 들으라 너희도 아는바에 하나님께서 나사렛 예수로 큰 권능과 기사와 표적(miracles, wonders and signs)을 너희 가운데서 베푸사 너희 앞에서 그를 증거하셨느니라"(행 2:22; 행 10:38; 요 12:12-14; 히 2:4). 권능과 기사와 표적 이 세 단어를 주목해 보라. 기사와 표적이 사도들에 의해 많이 나타났다(행 2:43, 5:12 참조). "사람마다 두려워하는데 사도들로 인하여 기사와 표적이 많이 나타나니." 기사와 표적과 능력은 사도됨의 기본적 표식이었다. "사도의 표된 것은 내가 너희 가운데서 모든 참음과 표적과 기사와 능력을 행한 것이라"(고후 12:12).

그러나 기사와 표적은 사도들의 전유물이 아닌 성령 충만한 모든 신자에 의해서도 행해졌다. 예를 들면, 스데반은 사도가 아닌, 평신도였지만 기사와 표적을 행했다. "스데반이 은혜와 권능이 충만하여 큰 기사와 표적을 민간에 행하니"(행 6:8). 사도행전의 저자 누가는 스데반이 행한 기사와 표적이 너무 많아 구체적 사례를 아마도 생략했을 것이다. 그러나 누가는 기사와 표적을 행한 다른 평신도인 빌립을 언급할 뿐만 아니라 구체적 사례를 기술했다. "무리가 빌립의 말도 듣고 행하는 표적도 보고 한마음으로 그가 하는 말을 따르더라. 많은 사람에게 붙었던 더러운 귀신들이 크게 소리를 지르며 나가고 또 많은 중풍병자와 못 걷는 사람이 나으니"(행 8:7-8). 사실상 초대 교회 신자들에게 따르는 표적은 복음 전도의 중요한 수단이 되었다. "제자들이 나가 두루 전파할째 주께서 함께 역사하사 그 따르는 표적으로 말씀을 확실히 증거하시니라"(막 16:20; 16:17-18 참조). "하나님도 표적들과 기사들과 여러 가지 능력과 및 자기 뜻을 따라 성령의 나눠주신 것으로써 저희와 함께 증거하셨느니라"(히 2:4). 사실상 기적은 초대 교인들에게 상식이 되었다.

왜 기적적 표적(miraculous signs)인가?

사도행전의 저자 누가는 하나님의 기사(wonders)와 더불어 "기적적 표적(miraculous signs)"을 함께 기록했다(행 2:43, 4:30, 5:12, 6:8, 14:3, 15:12). 누가는 또한 모세가 이스라엘 백성을 애굽에서 해방시킬 때 기사와 표적을 행했다고 진술한다. "이 사람이 백성을 인도하여 나오게 하고 애굽과 홍해와 광야에서 사십 년간 기사와 표적(miraculous signs)을 행하였느니라"(행 7:36). 기적적 표적은 이중적 목적을 갖는다.

첫 번째 기적의 목적은 위기와 절박한 필요의 상황에서 하나님의 초자연적 방법으로 불가능한 문제를 해결해 주는 것이다. 두 번째 기적의 목적은 기적의 수혜자들 혹은 참관자들, 심지어 하나님의 기적적 심판의 대상자들에게도 기적 배후에 계신 살아계신 하나님을 과시하는 것이다. 예를 들면, 하나님은 표적을 통해 살아계신 하나님을 모세와 아론과 애굽 왕에게 보여 주셨다(출 4:9, 17, 28, 30, 7:3, 10:1-2). 하나님은 또한 표적을 통해 초대 교회 신자들에게, 비신자들에게, 혹은 아나니아와 삽비라와 헤롯과 거짓 선지자 바예수와 같은 하나님의 기적적 심판의 대상자들에게 살아계신 하나님을 보여주셨다.

요한복음은 표적 신학(sign theology)을 다룬 책으로 일컬어진다. 이는 요한복음은 예수님이 하나님의 아들 메시아를 보여주는 일곱 가지 표적을 기록했기 때문이다(요 2:1-11, 4:46-54, 5:1-18, 6:5-14, 6:16-21, 9:1-7, 11:1-45). "예수께서 제자들 앞에서 이 책에 기록되지 아니한 다른 표적도 많이 행하셨으나 오직 이것을 기록함은 너희로 예수께서 하나님의 아들 그리스도이심을 믿게 하려 함이요 또 너희로 믿고 그 이름을 힘입어 생명을 얻게 하려 함이니라"(요 20:30-31). 이런 의미에서 우리는 하나님의 기적을 통해 하나님을 개인적으로 만날 수 있다. 『하나님을 경험하는 삶』의 공저자 헨리 블랙커비(Henry Blackaby)와 클로드 킹(Claude King)의 표현을 빌리자면, 기적은 "하나님의 크기에 해당하는 일(God-Sized Work)"이다. 이론적으로 우리가 경험한 기적 수준에 따라 우리가 주관적으로 믿는 하나님의 크기가 결정될 수 있다. 우리가 큰 기적을 경험하면 할수록 더욱 크신 하나님을 경험하게 되고, 하나님 앞에서 겸손해질 수밖에 없다. "하나님이 하나님의 크기에 해당되는 일(God-Sized Work)을 당신의 삶을 통해 행하시면, 당신은 하나님 앞에서 겸손해질 수밖에 없습니다."[1] 당신은 아브라함처럼 "죽은 자를 살리시며 없는 것을 있는 것으로 부르시는" 하나님을 믿고 있는가?(롬 4:17-21). 만약 당신이 그렇게 위대하시고 전능하신 하나님을 믿고 있다면, 당신은 전 생애를 통해 "하나님의 크기에 적합한 기적"을 경험했는가? 만약 당신이 그런 기적을 경험하지 못했다면 당신이 믿는 "하나님은 너무 작지 않은가(Is Your God Too Small)?"라고 자문해 볼 필요가 있다.

왜 상식이 기적이 되었는가?

전술한 바와 같이, 나 자신도 오랫동안 상식이 기적이 되는 삶을 살았었다. 왜 이런 비정상적인 삶을 살았을까? 나는 네 가지 이유를 조명해 보고 싶다.

첫째, 신학교와 교회에서 암암리에 가르친 기적(은사) 종식론(Cessationism)의 영향 때문이다.[2] 기적(은사) 종식자들은 치유를 포함한 기적의 시대가 거의 끝났다고 믿는다. 따라서 그들은 어쩌다 기적이 일어날 수도 있지만, 기적을 기대해서는 안 된다고 가르친다.[3] 그들은 예수님이 행하신 기적의 목적을 예수님의 신성과 예수님이 선포한 말씀의 정당성을 입증하기 위한 것으로 제한했다. 그들은 또한 사도들이 행한 기적의 목적이 사도권의 확립과 사도들이 선포한 말씀의 정당성을 입증하기 위한 것으로 설명했다. 그들은 사도 시대가 끝나고 정경이 완성됨에 따라 더 이상 기적이 필요 없다고 확신했다. 그러나 그들은 전술한 기적의 목적 중 두 번째 목적을 너무 강조한 나머지 첫 번째 목적을 간과했다. 그러나 실상은 두 가지 기적의 목적은 지금도 여전히 유효하다. 기적(은사) 종식론은 교회사를 통해 혹은 선교지에서 발생했던, 현재도 많은 신자에 의해 체험했던 수많은 기적 사례를 통해 수용될 수 없다.

둘째, 전술한 기적(은사) 종식론은 기적을 도외시하는 요인으로 작용했을 뿐만 아니라, 기적에 대한 성경 구절을 잘못 해석하는 오류를 만들었다. 예를 들면, 어떤 신자들은 모든 기적을 사탄의 위조된 장난으로 생각한다. 그들이 애용하는 성경 구절은 데살로니가후서 2장 8-10절의 말씀이다. "그 때에 불법한 자가 나타나리니 주 예수께서 그 입의 기운으로 그를 죽이시고 강림하여 나타나심으로 폐하시리라. 악한 자의 나타남은 사탄의 활동을 따라 모든 능력과 표적과 거짓 기적과 불의의 모든 속임으로 멸망하는 자들에게 있으리니 이는 그들이 진리의 사랑을 받지 아니하여 구원함을 받지 못함이라." 이런 태도를 가진 신자들은 일종의 "기적 공포증(miracle phobia)" 질병에 감염되기 쉽다. 이런 신자들은 모든 기적의 원천을 사탄이라고 단정하는 환원주의(reductionism)에 쉽게 빠진다. 그러나 기적의 원천은 하나님 혹은 사탄이다(물론 사탄의 최초 능력은 하나님으로부터 받은 것이다). 따라서 기적에는 세 가지 개연성이 존재한다. 기적은 하나님으로부터, 사탄으로부터, 혹은 하나님과 사탄의 혼합된 것으로도 올 수 있다. 따라서 우리는 어떤 초자연적 현상의 원천이 무엇인가를 잘 분별할 필요가 있다.

셋째, 현대 교회와 신자들은 "거룩한 불만(holy discontent)"을 상실했기 때문이다. 베드로와 요한은 성전 앞에서 구걸하던 앉은뱅이에게 "은과 금은 내게 없거니와 내게 있는 것으로 네게 주노니 곧 나사렛 예수 그리스도의 이름으로 걸으라"(행 3:6)고 명령하며 그를 치유했다. 이와 반대로, 현대 교회는 "금"과 "은"은 있으나, 기적을 행할 수 있는 하나님의 권세와 능력을 상실했다. 이에 대한 좋은 예는 교황과 토마스 아퀴나스 간의 대화에 잘 나타나 있다. 라테란 성당 문으로 보물을 가득 담은 자루들이 옮겨질 때 교황 이노센트 4세와 토마스 아퀴나스가 이야기를 나누고 있었다. 먼저 교황이 웃으면서 말했다. "여보게나, 이젠 교회가 '금과 은 없어도' 란 말을 하는 것도 다 지난 일이야." 그러자 아퀴나스가 한숨을 쉬며 이렇게 대답했다. "예 그렇습니다, 전하, 그리고 교회가 앉은뱅이에게 '일어나 걸으라'라고 말할 수 있는 때도 다 지났습니다."

이런 현상이 우리 교회와 신자들에게도 일어나고 있지 않은가? 당신은 문제와 위기가 없는 교인들이 그토록 열심히 기도하는 것을 본 적이 있는가? 라오디게아 교회로 전락해 버린 교회와 신자들에게 기적이 설 자리는 별로 없다. "네가 말하기를 나는 부자라 부요하여 부족한 것이 없다 하나 네 곤고한 것과 가련한 것과 가난한 것과 눈 먼 것과 벌거벗은 것을 알지 못하는 도다. 내가 너를 권하노니 내게서 불로 연단한 금을 사서 부요하게 하고 흰 옷을 사서 입어 벌거벗은 수치를 보이지 않게 하고 안약을 사서 눈에 발라 보게 하라"(계 3:17-18). 이런 이유 때문에 현재의 수많은 기적이 선진국보다는 중국, 남미, 그리고 아프리카의 수많은 개발 도상국에서 일어나는 것이 현실이 아닌가?

넷째, 사역의 현장을 떠났기 때문이다. 예수님은 사역의 현장에 있었기 때문에 기적을 행하는 능력 사역에 헌신할 수 있었다. "예수께서 모든 도시와 마을에 두루 다니사 그들의 회당에서 가르치시며 천국 복음을 전파하시며 모든 병과 모든 약한 것을 고치시니라"(마 9:35). 제자들도 현장 사역에서 치유와 축귀와 같은 능력 사역을 행해야만 했다. "예수께서 그의 열두 제자를 부르사 더러운 귀신을 쫓아내며 모든 병과 모든 약한 것을 고치는 권능을 주시니라. 가면서 전파하여 말하되 천국이 가까이 왔다 하고 병든 자를 고치며 죽은 자를 살리며 나병환자를 깨끗하게 하며 귀신을 쫓아내되 너희가 거저 받았으니 거저 주라"(마 10:1,7-8). 사도 바울은 선교 사역 현장에서 성령의 능력을 통해 기적 사역을 몸소 실천했다. "그리스도께서 이방인들을 순종하게 하기 위하여 나를 통하여 역사하신 것 외에는 내가 감히 말하지 아니하노라 그 일은 말과 행위로 표적과 기사의 능력으로 성령의 능력(by the power of signs and miracles, through the power of the Spirit)으로 이루어졌으며 그리하여 내가 예루살렘으로부터 두루 행하여 일루리곤까지 그리스도의 복음을 편만하게 전하였노라"(롬 15:18-19). "내 말과 내 전도함이 설득력 있는 지혜의 말로 하지 아니하고 다만 성령의 나타나심과 능력으로 하여(with a demonstration of the Spirit's power) 너희 믿음이 사람의 지혜에 있지 아니하고 다만 하나님의 능력에 있게 하려 하였노라"(고전 2:4-5). 만약 당신이 현재 사역 현장에 투입되어 있다면, 빈곤, 질병, 무지, 상처투성이, 역기능 가정, 가계의 부정적 대물림, 귀신들림 등의 총체적 문제를 가진 사람들을 수없이 만날 수 있다. 내 말이 의심스럽다면 개척 교회 목사들, 선교사들, 혹은 상담자들에게 물어보라. 이런 상황을 치유 사역에 적용해 보자. 무력한 교회와 신자들은 몸의 질병을 가진 환자들은 병원에, 마음과 가정 문제를 가진 내담자들은 세상 상담자들에게, 귀신들린 사람들은 정신과 의사들에게 혹은 무당이나 승려들에게 가는 것을 방임하고 있지 않은가?

나는 치유 사역의 선구자의 길을 걸어가면서 나의 학문적 및 영적 멘토가 되어준 찰스 크래프트(Charles Kraft) 박사에게 깊은 감사를 드린다. 내 아내 주미혜 사모(기독교 치유 상담원 실장)와 오랫동안 치유 사역자로 나와 함께 동역한 서정근 목사, 김동호 장로, 김월선 권사, 그리고 세 분의 배우자들에게도 깊은 감사를 드린다.

마지막으로, 킹덤북스(Kingdom Books) 대표 윤상문 목사님께 감사한다. 오랫동안 개인, 가정 및 일터의 위기를 돌파하는 하나님의 기적의 손길에 남다른 관심을 갖고, 이 책을 쓰도록 격려해 주었다. 편집을 비롯한 모든 기술적인 도움을 준 모든 킹덤북스 출판사 직원들에게 감사드린다. 이 책을 통해 하나님께서 영광을 받으시고, 수많은 독자가 개인의 삶과 사역에서 많은 기적의 역사를 경험하기를 간절히 소원한다.

2022년 9월
기독교 치유 상담원에서 이윤호 박사

제1부

기적의 창문을 열자

당신 집 창문이 닫혀 있다면, 집 밖의 신선한 공기가 집 안으로 들어올 수 없다. 이와 마찬가지로 당신이 기적을 경험하기 원한다면 생각과 신학의 틀을 바꾸어야 한다. 즉 당신에게 패러다임 시프트(paradigm shift)가 일어나야 한다.

제 1부(제 1장)는 독자들이 기적에 대한 부정적 고정 관념에서 벗어나 기적을 경험하기 위한 영적 시야를 넓히는 데 도움을 주기 위해 집필되었다.

제 1부는 이런 목적 달성을 위해 영적 무지의 실체와 원인, 그리고 영적 무지에서 벗어날 필요성을 다룬다. 제 1장의 적용으로, 신자들이 꼭 알고 믿고 행해야 할 네 가지 진리를 소개한다:

1) 영생
2) 하나님의 능력
3) 성령의 은사
4) 사탄의 궤계

영적 무지와 무기력한 신자의 삶에서 탈출하고 싶은 독자들을 위해 나의 영적 멘토인 찰스 크래프트 박사의 『능력 그리스도교』⁴를 일독할 것을 권면한다.

 1장

영적 무지에서 해방되면, 인생의 승리가 보인다

『지금 알고 있는 걸 그때도 알았더라면』

킴벌리 커버거(Kimberly Kirberger)가 쓴 시의 제목에서와 같이, 우리는 모두 과거의 삶을 돌아보면서 이런 후회를 종종 하게 된다. 지금 알고 있는 걸 그때도 알았더라면, "분명코 더 감사하고 더 많이 행복해했으리라."라고 생각해 본다. 그런데 문제는 '과거에 알았으면 더 좋았을 진리'를 지금도 모른다는 것이다. 아마도 10년 후에도, 어쩌면 죽을 때까지도 모를 것이다. 이런 진리 중의 하나가 영적 세계에 관한 진리이다. 영적 전쟁 전문가 닐 앤더슨(Neil Anderson) 박사가 지적했듯이, 이런 영적 세계에 대한 무지 때문에, 전 세계 신자 중 불과 15%만이 승리의 삶을 경험하는 것이 실상이다.[5]

'올바른 정보를 가진 자가 세상을 지배한다.'라는 말과 같이, 영적 세계에 대한 지식은 인생의 성공과 승리의 첩경이 될 수 있다. 이는 '보이는 세계는 보이지 않는 세계의 지배를 받기 때문이다.' 달리 표현하면, 보이지 않은 영적 세계가 보이는 자연계를 지배하기 때문이다. 따라서 자연계를 지배하기 위해서는 영적 세계에 대한 올바른 지식이 필요하다. 영적 세계에 대한 상식 수준의 정보나 막연하거나 잘못된 지식은 오히려 우리의 삶에 막대한 피해를 줄 수 있다. "선무당이 사람을 잡는다."라는 말처럼, 대중들이 알고 있는 '선무당 지식'이나 '잘못된 의학 상식'은 오히려 환자의 병을 악화시킬 수 있다.

생각을 바꾸면 진리가 보인다

'선무당 지식'과 같이, "무식하면 용감한 행동을 한다." 이런 무식한 행동은 자신과 타인에게 늘 손해를 끼친다. 무식은 또한 손해나 처벌을 면할 수 있는 합당한 이유가 되지 못한다. 예를 들면, 죽은 부모의 부채가 자녀에게 대물림된다는 법을 몰랐다고 해서 자녀의 부채 변제의 법적 의무가 면제되는 것은 결코 아니다. 반면에, 자녀가 법적 기간 내에 상속 포기 신청을 하면 자녀가 부모의 빚을 갚을 의무가 없다. 이처럼, 올바른 지식은 이익과 손해의 분

기점이 될 수 있다. "나 자신은 이미 알고 있다."라고 생각하는 잘못된 지식이나 착각은 무지보다 더 치명적인 결과를 가져올 수 있다. 왜냐하면 잘못된 지식이나 착각은 끝이 없고, 이런 지적 오류는 여간해서 수정되기가 어렵기 때문이다. 사실상, "자신이 얼마나 무식한가를 알기 위해서 상당한 지식이 필요하다."라는 말과 같이, 잘못된 지식을 바로 잡기 위해 발상의 혁신적 전환이 필요하다.

왜 그리스도인들은 이다지 무지할까?

첫째, 영전 전쟁 전문가 찰스 크래프트 박사가 날카롭게 지적한 것처럼, 현대 기독교인들의 세계관은 '보이지 않는 것'을 '실제로 존재하지 않는 것'으로 간주하기 때문이다.[6] 즉 그리스도인들의 자연주의, 합리주의, 지성주의, 경험주의적 세계관 때문이다.[7] 이와 같은 현대인의 합리주의적 세계관은 한 개인의 편견과 고정 관념에 무게를 실어주어 자신이 일상적으로 보던 것만 수없이 보게 만든다. 반면에, 자신이 절대 모르는 것을 그대로 모른 채 생활하기 십상이다. 자신이 절대 알고 싶지 않은 것과 절대 본 적 없는 것을 그대로 덮어둔 채, '나는 나'이기를 고집한다.

둘째, 많은 사람은 사탄의 기만전술로 인해 진리의 실체를 보지 못하기 때문이다. 사탄은 '거짓의 아비'(요 8:44)이다. 따라서 사탄은 '거짓의 아비'답게 거짓을 진짜처럼 포장한다. 사탄은 문제의 근본 원인을 알지 못하도록 거짓말을 한다. 아니면, 다른 그럴듯한 구실을 제시한다. 예를 들면, 모든 문제는 개인의 죄 때문이라고, 혹은 기도, 성경 읽기 및 교회 생활을 게을리했기 때문에 일어났다고 속삭인다. 물론, 이런 대답은 부분적 진리를 포함하지만, 100%의 진리가 아닌, 50%의 진리(half truth)인 것이다. 근본적으로, 사탄의 목표는 문제 배후에 숨어 있는 자신의 정체를 보지 못하게 하는 것이다.

변해야 산다

살기 위해서는 변해야 한다. 변하지 말아야 할 불변의 진리를 사수하기 위하여 우리는 모든 변화를 수용해야 한다. 성경이 죄라고 말하지 않는 한 변해야 한다. 『익숙한 것과의 결별』이란 책의 저자 구본형은 "10년 전과 똑같은 생각을 하고 있다면 10년 동안 죽어있던 것이다."라고 변화의 중요성을 강조한다. 그는 심지어 "어제와 다를 것 없이 보내 버린 오늘이 어둠 속으로 사라져버리는 것을 참으로 가슴 아프게 생각하라."라고 강권한다. 우리는 "참으로 점점 변화되고 있는가?"라고 자문해 본다. 사실상 대부분 신자는 신앙생활 연수와 관계없이 큰 변화 없이 살아간다. 신자의 삶에 변화는커녕 나쁘게 변화되는 변질의 위험성이 존재한다.

무엇이 변화되어야 하는가?

전술한 바와 같이, 우리의 생각을 바꿔야 산다. 초대 교회는 예수님의 지상명령을 감당하기 위해 인적·물적 자원이 현대 교회에 비해 정말 빈약하기 그지없었다. 예를 들면, 당시 교회와 성도들의 숫자는 턱없이 적고 하나님의 일꾼을 배출하는 신학교 또한 오늘날과 비교해 상대적으로 아주 열악했을 것이다. 하지만 그들은 전 세계를 복음화하는 위대한 사명을 하나님의 능력과 권세로 감당하였다. 과연 현대 교회와 신자들의 문제는 무엇인가? 치유의 기적을 포함한 하나님의 능력을 상실한 무기력한 현대 교회가 문제의 근원이다.

초대 교회의 신자들은 '능력 지향적(power-oriented)' 신자들로서, 하나님이 주신 권세와 능력을 십분 활용하였다. 이는 지성 및 감성 중심적 현대 그리스도인들과 족히 비교된다. 심지어 현대 그리스도인들은 자신의 무지를 모른 채 무능력한 신앙생활을 한다. 예수님 자신도 성경을 잘 안다고 생각하는 사두개인들을 향해 무지 및 오해의 위험성을 지적하였다. "예수께서 대답하여 가라사대 너희가 성경도, 하나님의 능력도 알지 못하는 고로 오해하였도다"(마 22:29).

신자들이 꼭 알고 믿고 행해야 할 네 가지 진리

나는 위의 성경 말씀을 중심으로 신자가 반드시 알고 믿어야 할 네 가지 진리를 독자들에게 소개하고 싶다. 어쩌면 이 네 가지 진리는 로버트 폴검(Robert Fulghum)의 『내가 정말 알아야 할 모든 것은 유치원에서 배웠다』라는 책과 같이, 우리 신자들이 초신자 시절에 배웠더라면 정말 유익한 진리이다. 나 역시 첫 번째 진리 외 나머지 세 가지 진리를 모른 채 오랫동안 신앙생활 및 목회 생활을 했음을 고백하지 않을 수 없다.

1. 능력의 원천으로서의 영생(Eternal Life - Power Source)

예수님은 사두개인이 성경을 알지 못했다고 말했다. 사도 요한의 말씀과 같이, 사두개인들은 구약 성경에 계시된 예수님과 영생에 대해 잘 알지 못했다. "너희가 성경에서 영생을 얻는 줄 생각하고 성경을 상고하거니와 이 성경이 곧 내게 대하여 증거하는 것이로다"(요 5:39). 그들은 성경과 예수님에 대하여는 알았는지(know about) 모르나, 성경과 예수님을 몰랐다. 다른 말로, 그들은 성경과 예수님에 관한 지적 지식(intellectual knowledge)은 가졌으나, 체험적 지식(experiential knowledge)을 갖지를 못했다. 이는 성경에서 "안다"라는 말의 히브리어 '야다(ידע)'와 헬라어 '기노스코(γινώσκω)' 모두 지적 지식이 아닌 체험적 지식을 가르치기 때문이다. 따라서 성경에서 "유일하신 참 하나님과 그의 보내신 자 예수 그리스도를 아는 것"이라고 정의된 영생은 하나님과의 개인적 관계를 맺는 것이다(요 17:3; 눅 1:34; 요 10:4,14,27 참조). 하나님과 예수님에 대한 접근이 아닌 접촉(contact)이야말로 구원의 확신의 기초이며 능력의 원천인 영생을 소유하는 것이다(요일 5:13).

2. 하나님의 능력(The Power of God)

사도 바울의 삶과 사역의 목표는 분명하였다. 그 자신이 간증하는 대로, 그의 목표는 "그리스도"와 "예수님의 부활의 권능"과 "예수님의 고난에 참예함"의 세 가지를 아는 것이었다(빌 3:10-11). 그의 삼대 목적 중의 하나는 "예수 그리스도의 부활의 권능"을 몸소 체험하는 것이었다. 사실상 그는 여러 번 죽을 뻔한 경험을 하였다(고후 11:23,25). 실제로 그는 임사(臨死 · near-death) 상태에서 소생하는 기적을 경험하였다(행 14:19-20). 찰스 크래프트 박사가 말하는 대로, 그는 능력 그리스도교(Christianity with power)를 체험하였다. 물론 바울은 능력과 지혜의 원천되신 예수 그리스도가 그의 삶과 사역의 구심점임을 확신하였다. "유대인은 표적을 구하고 헬라인은 지혜를 찾으나 오직 부르심을 입은 자들에게는 유대인이나 헬라인이나 그리스도는 하나님의 능력이요 하나님의 지혜니라"(고전 1:22,24).

3. 성령의 은사(Spiritual Gifts)

사도 바울은 신자들이 성령의 은사들에 대해 알아야 할 필요성을 이중 부정문을 사용하여 강조한다. "형제들아 신령한 것에 대하여는 내가 너희가 알지 못하기를 원치 아니하노니"(고전 12:1). 나 자신 역시 오랫동안 성령의 은사들, 특히 고전 12-14장에 언급된 능력 은사(power gift)에 대해 무지했고, 그 결과 능력 사역(power ministry)을 감당할 수 없었다. 성령의 은사들을 최대한 활용하기 위해서는 먼저 성경에 기술된 영적 은사들에 대해 자세히

공부해야 한다(롬 12:6-8; 엡 4:11; 고전 12:8-10, 28-30, 14장; 벧전 4:10-11). 영적 은사들을 사모하고 구해야 한다(고전 12:31; 고전 14:1). 그리고 하나님이 주신 기회를 따라서 영적 은사들을 사용해야 한다. "네게는 여호와의 신이 크게 임하리니 너도 그들과 함께 예언을 하고 변하여 새 사람이 되리라. 이 징조가 네게 임하거든 너는 기회를 따라 행하라 하나님이 너와 함께 하시느니라"(삼상 10:6-7; 벧전 4:10-11 참조).

4. 사탄의 궤계(Satan's Schemes)

사도 바울은 또한 사탄의 궤계를 알아야 할 필요성을 이중 부정문을 사용하여 강조한다. "이는 우리로 사단에게 속지 않게 하려 함이라 우리가 그 궤계를 알지 못하는 바가 아니로라"(고후 2:11). 나 자신 역시 오랫동안 신자의 적인 사탄에 대해 무지한 채 살아왔었다. 신자들은 마귀의 궤계에 잘 속아 넘어가 적에 대해 무지하게 되었다. 따라서 나는 한동안 예수님의 지상명령에 포함된 축귀 사역을 시도할 엄두도 내지 못했다. "믿는 자들에게는 이런 표적이 따르리니 곧 저희가 내 이름으로 귀신을 쫓아내며"(막 16:17; 롬 16:20 참조). 와그너 박사의 말과 같이, 만약 축귀 사역을 감당했더라면, 나의 사역은 훨씬 더 효과적이었을 것이다. "천사들과 귀신들이 하는 일을 이해하는 것은 효과적인 목회를 위한 필수 조건이다."[8]

나 역시 오랫동안 위에서 언급한 영적 무지 가운데 살았었다. 네비게이토 선교회 훈련을 받은 열심 있는 신자로서, 미국에서 훌륭한 신학 수업을 마친 후에도, 심지어 목사가 된 후에도, 나의 영적 무지는 한동안 계속되었다. 나는 마치 영적 세계를 다 아는 것처럼 착각하며 신앙생활을 했고, 여러 가지 사역을 감당해 왔다. 그러나 풀러신학교에서 피터 와그너 박사와 찰스 크래프트 박사와 같은 교수들과의 만남을 통해 영적 무지에서 점점 해방되었다. 그 후에야 비로소 나는 제임스 패커(James I. Packer)나 헨리 블랙커비(Henry Blackaby)가 강조하는 '하나님을 경험하는 삶'을 살게 되었다. 더 나아가서 나는 하나님의 능력을 몸소 체험하고, 하나님의 능력으로 좀 더 효과적인 사역을 감당하게 되었다. 이런 영적 순례를 통해 나는 독자들이 기적의 삶을 살 수 있도록 일곱 가지 능력 진리(power truth)를 이 책에서 나누고자 한다.

제 2 부

기적이 늘 따르게 하라

제 2부(제 2-8장)는 독자들이 삶과 사역 현장에서 더 많은 기적을 기대하고, 기도와 같은 기적을 위한 보통 방편 외에 더 많은 기적을 체험할 수 있는 구체적 원리를 제시하기 위해 집필되었다. 제 2부는 본서의 핵심 내용으로서, 본서의 제목과 같이 『기적의 문을 여는 일곱 가지 능력 진리』을 상세하게 설명한다.

사실상, 제 2부는 마가복음 16장 17-18절 말씀의 기초 위에서 써졌다. "믿는 자들에게는 이런 표적(these signs)이 따르리니 곧 그들이 내 이름으로 귀신을 쫓아내며 새 방언을 말하며 뱀을 집어올리며 무슨 독을 마실지라도 해를 받지 아니하며 병든 사람에게 손을 얹은즉 나으리라 하시더라." 본문은 신자들에게 표적이 따르는 것이 정상적인 신자의 삶임을 역설한다. 본문에서 언급된 기적을 경험하는 것은 모든 신자의 특권이자 의무이다. 본문은 네 가지 표적을 언급한다: 1) 축귀 사역; 2) 방언(성령의 역사); 3) 초자연적 보호; 4) 몸의 치유(신유). 나는 본서에서 이 네 가지 표적 외에 세 가지 표적을 추가했다: 1) 신자의 권세; 2) 능력 기도; 3) 속사람의 치유(내적 치유).

신자들이 경험해야 할 표적(혹은 기적)들이 많지만, 본문은 사명과 관련된 표적을 언급한다. "제자들이 나가 두루 전파할새 주께서 함께 역사하사 그 따르는 표적(the signs)으로 말씀을 확실히 증언하시니라"(막 16:20). 기적은 성령의 은사와 마찬가지로 교회의 몸 사역(Body Ministry)을 위해 주어진 것이다. 이는 모세가 경험한 모든 기적은 나일강에서 극적으로 건짐 받은 기적을 제외하고는 이스라엘 백성을 애굽에서 해방시키는 40년간의 광야 생활에서 발생했다는 사실에 기인한다. 예수님도 공생애 사역 중에 성령의 충만함을 통해 대부분의 기적을 행하셨다(마 3:13-17; 행 10:38).

 **제 2장**

하나님의 치유를 체험하라

질병은 삶의 최대 적이다

　30살 이상 한국의 성인 세 명 중 한 명은 뇌심혈관계 질환에 걸릴 가능성이 큰 것으로 나타났다. 보건복지부의 2014년 국민건강영양 조사 결과 30세 이상 성인 가운데 32.9%가 비만, 25.5%가 고혈압, 당뇨병은 19.2%로 각각 나타났다. 이 세 가지 병은 뇌졸중이나 심근경색 같은 뇌심혈관계 질병을 일으키는 3대 위험 요소이다. 이는 어른 3명 중 1명꼴로 일단 발병하면 몇 시간 안에 목숨을 잃을 수 있는 뇌심혈관계 질환에 걸릴 위험에 노출되었다는 것을 뜻한다. 1년에 10만 명 중 75명이 우리나라에서는 흔히 중풍이라 부르는 뇌졸중으로 사망하며, 50대 이후 사망 원인 1위를 차지하고 있다. 한국 사람들이 81.4세의 평균 수명을 살 경우(2012년 말기준, 남자 78세, 여자 84.6세), 남자는 다섯 명 중 두 명이 암에 걸리고, 여자는 세 명 중 한 명이 암에 걸린다고 한다. 노년에 암에 걸릴 확률은 평균 세 명당 한 명꼴이다. 사람들은 죽기 3개월 전에 한평생 썼던 의료비의 25%를 지출한다. 심지어 죽기 한 달 전에는 한평생 썼던 의료비의 50%를 지출한다는 충격적인 보고서가 있다. 우리나라 사람은 살아 있는 동안 평균 12년가량 질병과 부상 등으로 고통을 받는다고 한다.

이런 추세를 반영하듯이, 국민건강보험공단이 발표한 『연도별 건강보험 주요 지표(총괄)』에 의하면, 2015년의 경우, 보험공단이 지출한 진료비는 57조 9,593억 원에 이르며, 이는 같은 해 국가 예산의 약 15.4%에 해당하는 금액이다. 또한 국민 일 인당 일 년에 병원을 14.6회로 방문하니 OECD 회원국 중에서 가장 많은 셈이다.

왜 하나님의 치유가 필요한가?

현대 의학의 눈부신 발전에도 불구하고, 현대 의학으로도 치료할 수 없는 불치병과 희소병도 많이 있다. 예를 들면, 한국의 희소병 환자는 50만 명으로 추산되며, 인구 100명당 한 명이다. 이는 현대 의학이 발전할 만큼 병의 종류 및 약의 남용으로 인한 병균의 저항성 역시 비례해서 증가했기 때문이다. 또한 치료될 수 있는 병이라 할지라도, 고가의 의료 비용은 수혜자를 제한시킨다. 좀 극단적인 예이지만, 미국에서 심장이식 수술을 받을 경우, 약 16억의 비용이 든다고 한다.

반면에, 기(氣) 치료, 요가, 전생 요법 등 사탄의 침입 통로가 될 수 있는 위장된 치유가 존재한다. 그러나 대부분 신자는 '꿩 잡는 게 매'라는 식의 수단과 방법을 가리지 않고 어떤 치유도 수용하는 경향이 있다. 내가 인도네시아 선교사로 사역할 때, 목이 아픈 인도네시아 여전도사를 기도해 준 적이 있다. 내가 여러 차례 그녀를 위해 기도해 주었으나, 별 효과가 없었다. 그녀는 어렸을 때 목병에 걸려 무당에게 가서 치료받은 것을 회개하고 취소할 때 완치되었다.

이런 상황에서, 우리는 의사 중의 최고 의사이신 하나님의 치유를 경험해야 한다. 왜냐하면 하나님은 자신을 "너희를 치료하는 여호와"라고 소개하기 때문이다(출 15:26; 계 22:2 하반절 참조). "우리 연약한 것을 친히 담당하시고 병을 짊어지신" 예수님 역시 기꺼이 우리를 치유하기 원하기 때문이다(사 53:5; 마 4:23, 8:16-17; 9:35).

성경적 관점으로 질병과 그 원인을 바라보라

어떤 이유로든 질병이 치료되지 않을 경우, 환자는 모든 것을 잃게 되는 불행을 당하게 된다. 성경은 욥의 질병을 포함한 그가 당한 어려움을 곤경(captivity), 즉 어떤 것에 포로된 것으로 이해한다(욥 42:10; 눅 4:18). 시편 기자는 질병을 죽음과 같은 위태로운 지경인 위경(危境・grave)이라고 생각한다(시 107:20). 성경은 또한 질병을 죄의 결과로 본다. 죄는 원죄와 본인의 죄(혹은 자범죄)로 구분된다. 모든 인간은 아담과 이브의 원죄로 인해 영・혼・육이 타락하게 되어 죽음과 질병의 고통을 당하게 되었다(창 3:14-19; 롬 5:12). 사람이 죄를 지을 때, "심은 대로 거둔다."라는 하나님의 우주적 법칙에 따라 죄의 결과로 질병에 걸리기도 한다. "병은 쾌락의 이자"라는 말이 있듯이, 자신의 건강을 돌보지 않은 사람들은 몇십 년 만성 질병으로 고통받을 수 있다. [9] 죄지은 사람은 하나님의 법을 어겼기 때문에 하나님의 심판인 저주의 징계를 받아 질병의 고통을 겪게 된다(출 15:26; 시 103:5; 요 5:14; 약 5:16). 질병을 통한 하나님의 저주의 징계는 죄지은 사람들의 후손에게까지 내려갈 수 있다(출 20:4-6; 민 14:18; 신 7:9-10; 욥 4:8; 렘 32:18; 애 5:7).

어떻게 하나님의 치유를 체험할 것인가?

나는 지난 33년 동안 환자들을 위해 기도하는 사역에 참여해 왔다. 나에게 허리 병을 위해 기도 받은 수천 명의 환자 중 상당수가 치유를 경험했다. 완전 실명된 한 명의 시각장애자가 눈을 뜬 경우도 있었다. 1999년 7월부터 내가 치아의 기적을 위해 기도했을 때, 여러 가지 종류의 기적이 일어났다. 풍치로 이가 흔들리던 치아와 충치가 치유되었다. 치아를 둘러싼 이 정도의 기적은 사실상 전혀 새로운 것은 아니다. 남미에서는 빠진 치아에 새로운 이로 채워지는 역사도 나타났다. 남미에선 이런 치아 기적 사례가 하도 많아서, 두 세대 치아가 새로 난 것 정도론 간증하지 말라는 즐거운 권고가 나올 정도였다고 한다.

이런 간증을 나누는 것은 특별한 목적이 있다. "내가 모르는 것은 나를 뜨겁게 만들지 않는다."라는 독일 속담과 같이, 독자들이 치유의 기적에 대해 많이 들음으로써, 치유의 기적에 기대를 갖고 실제로 치유를 경험하게 하기 위함이다. 미국의 어떤 사모가 치통이 심해 치과에 갔는데, 치과 의사로부터 치근이 너무 깊어 발치가 힘들다는 이야기를 들었다. 발치도 어렵고 비용도 만만치 않아, 그녀는 "하나님 남미에서는 빠진 치아가 새로운 치아로 채워진다고 하는데, 이건 아무것도 아니지 않습니까?"라고 기도했다. 그때, 하나님께서, "너 어디서 듣기도 많이 들었다."라고 하시면서 그 사모의 치아를 고쳐주셨다는 것이었다.

이제 야고보서 5장 13-18절의 말씀을 통해 치유의 비결에 대해 배워보자. 본문에 '기도'가 7번 언급됨으로써 성경 본문 중 가장 집중적으로 기도를 다룬 본문이 된다. 본문의 기도는 치유의 기도와 깊은 관련이 있다.

하나님의 치유를 체험할 수 있는 기도 - 6단계 로드맵

첫째, 치유를 위해 하나님께 기도하라(약 5:13).

대부분 신자들은 아플 때 기도하기보다는 약, 의사, 다른 방법을 찾는 경향이 있다. 이는 그들이 "약과 의사는 가까이 있고, 하나님은 멀리 계신다."라고 잘못 생각하기 때문이다. 사실상, 하나님은 약과 의사보다 더 가까이 계시기 때문에 치유를 위해 기도해야 한다(약 4:2; 요 14:14). 반면에, 어떤 신자들은 자신들은 거의 기도하지 않고 소위 능력의 종들에게만 기도를 받기도 한다. 특히, 의사나 약과 같은 다른 모든 방법을 다 사용한 후 막다른 골목에서 치유를 위해 하나님을 의지해서는 안 된다. 왜냐하면 아사 왕과 같이 발에 중병에 걸렸지만, 의사들에게만 도움을 청할 때 죽는 경우도 있기 때문이다(대하 16:12-13).

둘째, 치유를 위해 죄를 고백하라(약 5:15-16).

전술한 바와 같이, 죄는 질병의 주요 원인이 된다. 따라서 야고보서 기자가 강조하듯이, 치유를 위해서는 죄의 고백이 선행되어야 한다. "…죄를 범하였을지라도 사하심을 얻으리라. 이러므로 너희 죄를 서로 고하며 병 낫기를 위하여 서로 기도하라"(약 5:15-16). 시편 기자 역시 이런 진리를 확인한다. "내가 토설치 아니할 때에 종일 신음하므로 내 뼈가 쇠하였도다"(시 32:3). 죄의 고백과 성결은 치유의 조건인 동시에 이미 받은 치유를 유지하는 비결이다. "그 후에 예수께서 성전에서 그 사람을 만나 이르시되 보라 네가 나았으니 더 심한 것이 생기지 않게 다시는 죄를 범치 말라 하시니"(요 5:14).

셋째, 믿음으로 간절하게 기도하라(약 5:15,17).

환자에게 치유받을 만한 믿음(the faith to be healed)이 있을 때 치유가 종종 일어난다(행 14:9; 약 1:6-7; 마 9:2,22,29; 행 3:16). 또한 치유가 하나님의 뜻임을 확신하고 기도해야 한다. 『치유자 그리스도』의 저자 F. F. 보스워스(F. F. Bosworth, 1877-1958)가 역설했듯이, "이제 더 이상 교회는 '만일 주님의 뜻이라면'이라는 믿음을 파괴시키는 문구를 가지고 병자를 위해 기도해서는 안 된다." 반드시 치유된다는 소망을 품고 기도해야 한다. 오래 기도해도 치유가 되지 않을 때, 신자들은 질병을 고난으로 여기는 미혹에 빠져서는 안 된다. 예수님은 우리를 위해 십자가에서 돌아가셨으나, 구원의 보따리 안에는 질병도 포함되어 있다(사 53:5)는 사실을 알아야 한다. 따라서 우리는 치유를 위해 좀 더 간절히 믿음으로 기도해야 한다.

넷째, 타인의 치유 기도를 받으라(약 5:14,16).

본문은 환자는 장로와 같은 교회 지도자들의 기도를 받으라고 권면한다. "너희 중에 병든 자가 있느냐 저는 교회의 장로들을 청할 것이요 그들은 주의 이름으로 기름을 바르며 위하여 기도할찌니라"(약 5:14). 자신의 치유를 위해 목회자나 치유 사역자들의 도움을 구하는 겸손함이 필요하다. 이는 타인으로부터 기도받는 것은 신자들의 특권인 동시에 책임이기 때문이다. 질병의 마지막 단계에서 교회 목회자나 치유 사역자에게 기도받는 것은 그다지 바람직하지 못하다. 왜냐하면 그들의 질병이 무엇이든지 초기에 기도를 받았을 때 더 빨리 치유될 가능성이 있기 때문이다.

다섯째, 치유받기에 합당한 삶을 살라(약 5:16).

성경은 "의인의 간구는 역사하는 힘이 많으니라"(약 5:16절 하)고 강조하면서 응답받는 기도의 비결을 역설한다. 본문이 말하는 '의인'이란 구원받은 신분적 의인이 아닌, 엘리야와 같은 실제적 의인을 의미한다. 죽을 병에 걸렸다가 치유받은 히스기야 왕은 구약의 좋은 예이다. "여호와여 구하오니 내가 진실과 전심으로 주 앞에 행하며 주의 보시기에 선하게 행한 것을 기억하옵소서 하고 심히 통곡하더라"(왕하 20:3). 죽어가던 자신의 종의 치유를 위해 예수님께 간구한 백부장은 신약의 좋은 예이다(마 8:5-13; 눅 7:1-10; 요 4:43-54).

33세의 젊은 나이에 억만장자가 된 세계 최대의 부호(富豪) 존 D. 록펠러(John D. Rockefeller; 1839-1937)는 개과천선함으로써, 52세에 걸린 알로피셔(Alopecia)라는 중병의 사형 선고에서 치유받았다. 수단 방법을 가리지 않고 재산에 축적에만 몰두하던 그가 록펠러 재단을 만들어 가난한 사람들을 돕는 의료 사업을 위해서 자기 모든 재산을 쏟아붓는 의인의 삶을 살기 시작했다. 이러한 결단을 내린 직후 베풀기 시작했고, 록펠러는 거의 55세를 넘기기 어려울 것이라고 한 의사들의 진단과 달리 98세까지 살게 되었다.

여섯째, 하나님의 다양한 치유 방법을 수용하라.

하나님은 치유의 원천이시기 때문에, 하나님은 약, 의사, 식이요법 등의 다양한 방법으로 치유를 베풀어 주신다. 이는 치유를 포함한 모든 좋은 것이 하나님께로부터 오기 때문이다. "각양 좋은 은사와 온전한 선물이 다 위로부터 빛들의 아버지께로서 내려오나니 그는 변함도 없으시고 회전하는 그림자도 없으시니라"(약 1:17). 유방암 수술을 두 번씩 받고 사경을 헤매던 한 여 권사는 '선인장과 호박을 먹으라'라는 하나님의 음성을 듣고 그대로 실천하여 완치되었다. 성경도 무화과 뭉치나 포도주와 같은 물질을 통해 히스기야 왕과 디모데가 치유받은 경우를 소개한다(사 38:21; 딤전 5:23). 치유를 위해 약 및 수술이 필요한 경우, 부작용이나 후유증을 제거하는 기도를 해야 한다.

 제 3장

내적 치유로
속사람을 강건하게 하라

상처의 시대를 이기는 내적 치유

21세기를 흔히 '상처의 시대'라 일컫는다. 총체적 위기를 겪고 있는 우리 사회도 예외는 아닌 듯하다. 2013년 기준 매일 살인·강도·강간·절도·폭력 등 5대 범죄는 54초마다 발생한 것으로 드러났다. 이를 세분화하면, 살인이 545건으로 9시간 20분 24초마다, 강도는 1200건으로 6시간 14분 24초마다 발생했다. 또한 강간·강제 추행은 1만2천234건으로 25분 12초에 1건꼴이었고, 절도(16만2천267건)는 1분 53초, 폭력(16만2천940건)은 1분 52초마다 일어났다. 자살은 하루 37.5명꼴로 약 38분마다 발생하며 OECD 국가 중 단연 1위이다.

한국의 가정은 또한 급증하는 이혼으로 인해 급속도로 파괴되고 있다. 2018년 기준 이혼 건수는 10만 8700건으로 당해 결혼 대비 42%의 이혼은 매 5분마다 일어난다. 이혼 3쌍 중 1쌍은 '황혼이혼'으로 인구 고령화가 원인으로 제기되고 있다. 이런 가정의 붕괴로 인해 7명 중 한 명의 자녀가 한 부모(single parent)나 조부모의 손에 양육되고 있다. 이런 사건의 그늘 아래 상처입은 사람들은 얼마나 많을까? 그런데 세상에 상처받았다는 피해자들뿐이지, 상처를 주었다는 가해자들은 별로 없다. 정말 우리는 상처의 시대에 살고 있는가? 그래서 요즘 출판계 화두는 '치유'이다. "그만큼 세상이 아픈 걸까?"라고 자문해 본다.[10]

세상은 빠르게 변하고 있다. 1940년대와 1950년대는 먹고사는 것 자체가 심각한 문제였다. 그래서 사람들은 "배고파 죽겠다."라고 말하곤 했다. 1960년대와 1970년대 "(일하는데) 힘들어 죽겠다"라는 사람들의 원성은 경제 성장에 크게 이바지하였다. 경제적으로 좀 편해진 1980년대 이후 사람들의 말은 좀 달라졌다. "외로워 죽겠다." "고독해 죽겠다." 이런 말들 속에는 "상처 때문에 못 살겠다"라는 의미도 숨어 있다. 농경 사회에서 산업 사회로, 산업 사회에서 정보 사회로 바뀌는 동안 사람의 정신 체계도 바뀌었다. 따라서 삶의 습관이나 성품도 변해가고 있다. 정보와 지식이 발달하면 더욱더 편리하고 행복해지리라고 생각했었다. 그러나 더욱더 관계는 복잡해지고 사람의 마음은 각박해지고 문제와 상처들이 늘어가기만 한다.

성경도 상처입은 인간의 모습을 '상한 갈대'와 '꺼져가는 등불'로 잘 설명해 준다(사 42:3; 마 12:20). 쿠데타를 일으키고 아버지의 첩들과 공공연하게 성관계를 하는 폐륜아 아들 압살롬으로부터 상처를 받은 다윗 왕은 인간을 "넘어지는 담"과 "흔들리는 울타리"로 표현했다(시 62:3).

'치유자생존'으로서의 내적 치유

적자생존(最適者生存; Survival of the Fittest)이라는 말이 있다. 인간 사회 및 생물계 생존 경쟁의 생활 환경에서 가장 잘 적응한 자가 승리자가 된다는 뜻이다. 상처의 시대이니만큼, 바야흐로 가장 잘 치유된 자가 승리할 수 있는 '치유자생존(治癒者生存; Survival of the Being Most Healed of Inner Hurts)'의 시대가 도래하고 있다. 1990년대 이후 새천년 기독교계의 화제인 '내적 치유(inner healing)'는 신자의 생존을 위한 일종의 몸부림이다. 왜냐하면 신자들 역시 상처받은 수많은 고독한 군중의 일원이 될 수 있기 때문이다. 상처받은 신자들은 구원을 받았다 할지라도, 심지어 성령 체험을 했다 할지라도 변화되지 못한 고질적 부분이 남아 있다. 신자들은 시간이 흘러도 거의 변화되지 않는다. 나는 이를 '원형 불변의 법칙' 혹은 '원형 보존의 법칙'이라고 부른다. 대부분의 경우, 나이가 들수록 변화를 두려워하거나 변화하지 못하는 경향이 있다.

자신을 변화시키려는 시도가 곧 내적 치유이다. 내적 치유야말로 일종의 혁명/혁신으로서 진정한 성공의 지름길이다. 세상에서 성공한 사람들은 대부분 '상처가 많은' 사람들이다(The most successful people in the world are usually the most hurting people). 물론 여기서 말하는 성공한 사람의 기준은 선천적으로 성공의 조건을 갖춘 '그럼으로써'가 아닌, '그럼에도 불구하고'의 성공을 이룬 사람들이다. 그러나 피해자로서 과거에 입은 피해의 상처에 대한 내적 치유를 거치지 않고 성공한 사람들은 언젠가 가해자가 될 가능성이 매우 크다. 그들의 성공은 다른 사람들에게 유익은 커녕 손해를 끼칠 위험성이 있다. 나는 '가장 잘 변해야 산다'라는 혁자생존(革者生存)의 수단으로 내적 치유의 중요성을 최우선으로 꼽는다. 이런 의미에서 내적 치유는 신자의 생존 및 변화를 끌어내는 내적 혁명의 지표다.

상처입은 치유자(wounded healer)만이 상한 심령을 어루만질 수 있다

　성경은 인간이 영과 혼과 몸으로 구성되어 있다는 삼분설도 지지한다(살전 5:23; 히 4:12). 내적 치유는 인간의 마음과 감정과 의지에 해당되는 '혼의 치유'이다. 성경은 인간의 몸에 해당되는 겉 사람과 비교하여 혼적 부분을 속사람(the inner person)이라 부른다. "그러므로 우리가 낙심하지 아니하노니 겉 사람은 후패하나 우리의 속은 날로 새롭도다."(고후 4:16). 연약한 속사람은 강건해져야 한다(엡 3:16, 6:10). 상처입은 속사람은 새롭게 회복되어야 한다(고후 4:6). 죄와 정욕에 속박된 속사람은 하나님의 법을 즐거워해야 한다(롬 7:22). 속사람을 치유하는 내적 치유는 마음이 상한 자를 고치시는 성령의 역사이다. "주 여호와의 신이 내게 임하셨으니 이는 여호와께서 내게 기름을 부으사 가난한 자에게 아름다운 소식을 전하게 하려 하심이라 나를 보내사 마음이 상한 자를 고치며 포로 된 자에게 자유를, 갇힌 자에게 놓임을 전파하며"(사 61:1). 예수님께서도 성령의 능력으로 상처입은 심령을 치유하기 위해 이 세상에 오셨다(눅 4:18-19).

내적 치유를 경험한 자들이 누리는 혜택

내적 치유는 여러 가지 유익한 점이 있다.

첫째, 육체적 치유 후 질병의 재발을 방지할 수 있다. 이는 감정적 치유와 육체적 치유가 조합된 심신상관적 치유(psycho-somatic healing)가 이루어지기 때문이다.

둘째, 신자의 계속적 변화(ongoing transformation)인 그리스도의 인격을 닮아가는 성화(sanctification)를 돕는다. 따라서 내적 치유는 신자들의 성화 과정을 단축시켜주거나 촉진시키는 역할을 한다. 더 나아가서 성령을 체험하고 성령의 은사 및 기름 부으심을 받는 데 큰 도움이 된다. 왜냐하면 아버지 이미지의 치유를 포함한 내적 치유가 성령을 경험하는 많은 장애물을 제거시키기 때문이다.

셋째, 사역자로서의 성장과 사명에 도움을 준다. 이는 사도 바울의 말씀처럼, 상처입은 치유자(the wounded healer)만이 그 자신이 치유 과정에서 경험한 생명의 원천인 하나님의 은혜와 위로로써 어려움 가운데 있는 다른 사람들을 도와줄 수 있기 때문이다.

"찬송하리로다 그는 우리 주 예수 그리스도의 하나님이시요 자비의 아버지시요 모든 위로의 하나님이시며 우리의 모든 환난 중에서 우리를 위로하사 우리로 하여금 하나님께 받는 위로로써 모든 환난 중에 있는 자들을 능히 위로하게 하시는 이시로다"(고후 1:3-4).

넷째, 내적 치유는 효과적 축귀 사역을 위한 필수 코스라 하겠다. 이는 내적 치유가 각 생애 발달 주기에서 일어난 모든 부정적 관계와 비극적 사건에 빌미 붙어사는 악한 영들의 먹이를 최대한 제거시키기 때문이다. 하나님의 치유의 은혜를 경험한 사람에게만 있는 생명의 기운이 악한 영들의 침입을 차단할 뿐만 아니라, 그들의 힘을 무력화시킬 수 있기 때문이다.

어떻게 내적 치유를 경험할 것인가?

첫째, 하나님과 사람 앞에 자신의 환부를 숨기지 않고 아픈 상태를 정직하게 인정하는 겸손이야말로 내적 치유를 위한 첫 단계가 된다. 이런 겸손은 신학자 폴 틸리히(Paul Tillich)가 말하는 '자기의 실패를 인정하는 용기'있는 행동이다. 자신의 상처를 인정하고 적극적으로 치유받으려고 모험(?)할 때, 치유와 회복의 역사는 빠르게 일어난다.

둘째, 하나님께 토하는 기도를 통해 자신의 상처를 있는 그대로 발산할 수 있어야 한다. 자기 아들인 압살롬이 반역죄와 자신의 첩들과 대낮에 공공연하게 성관계를 갖는 패륜아 짓을 할 때 하나님께 토하는 기도를 드린 다윗 왕을 모델로 삼을 수 있겠다. "백성들아 시시로 저를 의지하고 그 앞에 마음을 토하라"(시 62:8). 김기현 목사의 주장대로, 저주와 같은 토설은 기도할 때만 해야 한다. 상대방에게 직접 말해서는 안 된다. 그럴수록 화가 풀리지도 않고 사태는 더 꼬이기 때문이다.[11] 이런 기도를 드릴 때, 우리는 다른 사람들로부터 받은 상처로 인한 모든 부정적 감정도 하나님께 올려 드려야 한다(시 69:19; 마 11:28절).

셋째, 우리는 상처와 관련된 모든 사람을 용서하고 축복함으로써 내적 치유를 받을 수 있다. 가해자에 대한 용서와 축복은 치유와 자유를 얻는 지름길이다(골 3:12-13; 눅 6:37; 롬 12:14,19-21; 욥 42:10). 용서하지 않으면 우리는 상처 난 마음을 아물게 하기보다는 그 상처를 키우면서 살아가게 된다. 이는 "우리가 입은 깊은 상처는 우리가 용서할 때까지는 치유되지 않는다."라는 앨런 패턴(Alan Paton)의 말이 '불변의 법칙'으로서 여전히 금언이 되고 있기 때문이다.

넷째, 전술한 바와 같이, 사탄은 상처를 포함한 모든 비극적 사건을 최대한 이용한다. 따라서 우리는 상처의 배후에서 장난질하는 사탄을 대적해야 한다. "의인이 사랑의 매로 나를 쳐서, 나를 꾸짖게 해주시고 악인들에게 대접을 받는 일이 없게 해주십시오. 나는 언제나 그들의 악행을 고발하는 기도를 드리겠습니다(Yet my prayer is ever against the deeds of evildoers)"(시 145:5). 시편 기자의 이런 기도는 가해자 배후에 장난질을 치는 세력에게 대적하는 기도와 같다.

상처의 흉터(scar)가 별(star)이 되게 하라

인생의 신비란 고통 속에 환희가, 상실 속에 회복이, 절망 속에 희망의 씨앗이 담겨 있다는 역설이다. 조셉 에디슨(Joseph Addison)은 "우리에게 내려지는 진정한 축복은 종종 고통과 상실, 그리고 절망의 모습으로 나타난다."라고 말했다. 물론 모든 사람에게 고통과 상실, 그리고 절망의 아픈 사건들이 환희와 회복과 희망의 축복으로 바뀌질 수 없다. 자신의 고통을 치유의 하나님께 내려놓은 사람들만이 누릴 수 있는 행복이 따로 있는 것이다.

우리의 상처가 치유하시는 하나님의 손에서 잘 다루어질 때, 그 상처가 꽃이 된다. 상처를 그대로 버려두면 자신과 타인 모두에게 해를 가져다주는 애물단지가 된다. 그러나 잘 처리하면 자신과 타인에게 축복의 근원이 되는 보물단지가 된다. 왜냐하면 알렉산더 엘차니노프(Alexander Eltchaninov)의 말과 같이, "내가 먼저 변하지 않고는 다른 이의 영혼을 치유하거나 도울 수 없기" 때문이다. 복효근의 『상처에 대하여』라는 시(詩)는 상처 입은 사람들에게 희망의 메시지를 던져 준다.

> 오래전 입은 누이의 화상은 아무래도 꽃을 닮아간다.
> 젊은 날 내내 속 썩어 쌓더니 누이의 눈매에선 꽃향기가 난다.
> 요즈음 보니 모든 상처는 꽃을 꽃의 빛깔을 닮았다.
> 하다못해 상처라면 아이들의 여드름마저도 초여름 고마리 꽃을 닮았다.
> 오래 피가 멎지 않던 상처일수록 꽃향기가 괸다.
> 오래된 누이의 화상을 보니 알겠다.
> 향기가 배어나는 사람의 가슴속엔 커다란 상처 하나 있다는 것.
> 잘 익은 상처에선 꽃향기가 난다.

오프라 윈프리(Oprah Winfrey)야말로 상처를 별로 만든 장본인이다. 그녀의 경력은 소설의 주인공처럼 화려하다: 빈민가의 딸, 가난한 흑인 사생아, 9세 때 사촌오빠에게 강간당한 14세 미혼모, 2주 후에 아이의 죽음을 지켜본 문제아, 마약 복용으로 수감 경력이 있는 전과자. 그럼에도 불구하고 그녀는 2005년도 미국을 움직이는 가장 영향력 있는 100명 중 1위로 타임지가 선정한 인물이 되었다. 한 여인이 남자들에게 강간당하고 마약도 한다고 말할 때, 윈프리는 "나도 사생아로 태어나 어렸을 때 강간당한 적도 있어요."라고 대답했다. 1,400명의 관중 앞에서 자신에 대해 솔직하게 말할 수 있을 정도로 그녀의 상처(Scar)가 오히려 그녀를 별(Star)로 만든 셈이다.

알프레드 디 수지(Alfred D. Susie)가 읊조리듯이, 우리 모두 내적 치유를 통해 강건하게 된 속사람을 경험해 봅시다. "사랑하라, 한 번도 상처받지 않은 것처럼. 춤추라, 아무도 바라보고 있지 않은 것처럼. 사랑하라, 한 번도 상처받지 않은 것처럼. 노래하라, 아무도 듣고 있지 않은 것처럼. 일하라, 돈이 필요하지 않은 것처럼. 살라, 오늘이 마지막 날인 것처럼."

 제 4장

영적 전쟁에서 승리하라

나는 26년 이상 많은 내담자를 만나면서, 그들로부터 산전수전(山戰水戰)을 다 겪었다는 말을 흔히 듣는다. 산전수전을 다 겪은 욥도 "세상에 있는 인생에게 전쟁이 있지 아니하냐?"라고 절규한다(욥 7:1). 산전수전은 전쟁터에서 보이지 않는 적인 사탄과 영적 전쟁을 해야 할 신자들에게는 더욱더 그렇다. 왜냐하면 사탄은 신자들을 주 공격 목표로 삼고 있기 때문이다. 이는 "불은 쇠를 시험하고 마귀는 그리스도인을 시험한다."라는 토마스 아 켐피스(Thomas à Kempis)의 통찰력과 일치한다.

그리스도인의 삶은 사탄과의 영적 전쟁이다

치유 사역자 켄 블루(Ken Blue)는 "악의 세력은 그리스도께서 영화로운 모습으로 재림하기까지 그 힘을 행사하며 심각하게 우리를 괴롭힌다."[12] 라고 사탄과 영적 전쟁을 치러야 할 신자의 삶에 대해 역설한다. 사도 바울이 강조하듯이, 이 싸움은 보이는 '혈과 육'의 싸움이 아니라 보이지 않는 사악한 영들과의 영적 싸움이다(엡 6:12). 신자들은 영적 전쟁을 통해 그들을 '도둑질하고 죽이고 멸망시키려는' 사탄의 세력으로부터 승리할 때만 하나님이 약속한 풍성한 삶을 누릴 수 있게 된다(요 10:10).

영적 전쟁에서 승리하는 법을 배우라

"영적 승리는 전쟁을 위해 준비한 자들에게만 온다."라는 명언과 같이, 우리는 모두 영적 승리를 위해 하나님의 진리로 무장해야 한다. 우리는 신자의 적인 사탄과 그의 전략에 대한 올바른 지식이 필요하다. 이는 사도 바울이 강조하듯이, 우리는 신자의 적인 보이지 않는 사탄과 악한 영들의 기만에 속아서는 승리할 수 없기 때문이다. "이는 우리로 사단에게 속지 않게 하려 함이라 우리가 그 궤계를 알지 못하는 바가 아니로라"(고후 2:11). 이제 구체적으로 영적 전쟁에서 승리하기 위한 세 가지 능력 진리를 배워보자.

모든 그리스도인은 영적 전쟁에 참전 중

"믿는 사람들은 군병 같으니"라는 찬송과 같이, 우리는 모두 영적 전쟁을 위한 군사들이다. 사도 바울 역시 이런 진리를 역설한다. "네가 그리스도 예수의 좋은 군사로 나와 함께 고난을 받을찌니"(딤후 2:3). 왜 모든 신자는 영적 전쟁에 참전해야만 하는가? 이는 사도 요한이 강조하듯이, 모든 신자는 사탄의 점령 지구에 살고 있기 때문이다. "또 아는 것은 우리는 하나님께 속하고 온 세상은 악한 자 안에 처한 것이며"(요일 5:19). 더욱이 『너 자신을 자유케 하라!』의 저자, 로버트 하이들러가 예리하게 지적하듯이, "예수를 믿을 때 단지 용서와 사랑과 성령님과 '천국 티켓'만 얻은 것이 아니라, 새로운 대적도 얻기 때문이다."[13] 이런 의미에서 '송사하는 자' 혹은 '반대자'라는 뜻을 가진 사탄은 실로 우리의 대적이다. 사탄의 목적은 사람들의 삶, 특히 신자들의 삶을 여러 가지 모양으로 괴롭혀서 비참하게 만드는 것이다. 사탄은 구원받은 신자들조차도 자신의 포로수용소에 계속해서 가두어 놓기를 원한다(딤후 2:26; 눅 4:18 참조).

그런데 문제는 과거의 필자와 같이, 많은 신자가 사탄의 존재 및 전략에 대해 무지하다는 것이다. 찰스 보들레르(Charles Baudelaire)

는 수많은 신자를 속여 사탄의 존재와 전략에 대해 무지하게 만드는 사탄의 궤계를 잘 폭로한다. "악마가 지닌 가장 멋진 간교함은 바로 우리들이 자기(악마)가 존재하지 않는다고 믿게 만드는 것이다."[14] 따라서 메릴 엉거(Merrill Unger)는 "사탄의 적, 즉 성도가 그들의 적인 사탄을 항상 알지 못해도, 한 가지 분명한 사실은 사탄은 항상 그의 적인 성도를 알고 있다"[15]라고 무지한 신자들에게 경고한다. 만약 신자들이 메릴 엉거의 경고를 무시한다면, 영적 전쟁 전문가 딘 셔만(Dean Sherman)이 개탄하듯이, "영적 전쟁에 있어 무지는 상책이 아니다. 우리가 마귀에 대해 무지할 때, 우리 또한 어둠 속에 있는 것이고, 마귀가 마음대로 활약하도록"[16] 방치해 두는 셈이다.

신자들의 이런 무지는 "신자들은 절대로 귀신에 들리지 않는다."라는 오류를 믿게 만든다. 이것이야말로 사탄이 가장 좋아하는 거짓말 중 하나다. 왜냐하면 "만약 사탄이 그리스도인들이 이 말을 믿게 만든다면, 그야말로 귀신들이 그리스도인들과 그들의 교회 안에서 자유롭게 다닐 수 있는 첩경을 만들기" 때문이다. "성령이 계시는 성전인 몸에 악한 영들이 함께 거할 수 없다"라는 논리로 "신자들은 귀신에 들리지 않는다."라고 주장한다. 이런 논리를 다음 사례에 적용해 보자. "성령이 모든 신자에게 내주하신다."

"성령은 죄와 함께 거하실 수가 없다." 따라서 "신자들은 죄를 범할 수 없다." "몸에 성령과 악령이 함께 거주할 수 없다."는 논리는 위와 같은 엄청난 모순을 지니기 때문에 결코 수용될 수 없다.

사탄은 또한 많은 신자가 많은 문제의 배후에서 장난치고 있다는 것을 모르게 만든다. 사탄은 인간 생활의 많은 비극적 사건 배후에서 활개 치고 있지만, 많은 신자가 그런 사실을 거의 감지하지 못한다. 반면에 신자들은 그들이 겪는 질병, 비극적 사건 등 어려움을 하나님이 주시는 고난으로 종종 해석하곤 한다. 그러나 신자들에게 일어난 많은 비극적인 사건은 어떤 빌미 때문에 당하는 사탄의 공격이 될 수 있다. 『성도들의 영적 전쟁』의 공저자인 제시 펜 루이스와 이반 로버츠는 이런 고난을 사탄이 주는 위조된 '고난'으로 설명하면서, "생활 가운데서 제거되지 않는 죄와 생활 가운데서 설명할 수 없는 고난, 이 모두는 '귀신들림'으로 명쾌하게 설명될 수 있다."라고 주장한다.[17]

우리의 적이 이미 패배되었음을 믿어라

우리는 예수님의 죽으심과 부활하심을 통한 하나님의 승리와 사탄과 그의 부하들의 패배를 믿는다(골 2:14-15; 요 16:33, 고전 2:14,

15:57). "하나님께서는 우리에게 불리한 조문들이 들어 있는 빚 문서를 지워 버리시고, 그것을 십자가에 못 박으셔서, 우리 가운데서 제거해버리셨습니다. 그리고 모든 통치자들과 권력자들의 무장을 해제시키시고, 그들을 그리스도의 개선 행진에 포로로 내세우셔서, 뭇 사람의 구경거리로 삼으셨습니다"(골 2:14-15). 우리는 영적 전쟁에 참전하되, 도저히 질래야 질 수 없는 전쟁에 참전하고 있다. 이는 성경은 사탄과 그의 부하들의 궁극적 운명은 예수님의 재림 시 완전히 멸망당할 것이라고 말씀하기 때문이다(마 8:29; 막 1:24; 계 20:10; 사 14:15 참조). 따라서 나는 영적 전쟁보다는 '패잔병 소탕 작전'이란 용어를 더욱 선호한다. 우리는 승리자의 편에 서 있다. 어떤 영적 전쟁 중보 기도자의 명언과 같이, 악한 영들은 '사자의 가면을 쓴 개미'에 불과할 뿐이다. 따라서 우리 신자들은 "우리를 위해 싸워 주시고, 자기 아들을 아끼지 아니하시고 내어주시고, 우리를 위하여 간구하신 주님께, 그리고 우리를 사랑하시는" 하나님 우편에 계신 예수 그리스도로 말미암아 "우리에게 넉넉한 승리를 주시는" 하나님께 감사를 드려야 한다(롬 8:31-39; 고전 15:57).

우리의 대적인 사탄을 대적하라

사도 바울은 모든 신자는 마귀를 대적해야 한다고 역설한다.

"마귀의 궤계를 능히 대적하기 위하여 하나님의 전신 갑주를 입으라. 그러므로 하나님의 전신 갑주를 취하라 이는 악한 날에 너희가 능히 대적하고 모든 일을 행한 후에 서기 위함이라"(엡 6:11,13). 사도 베드로 역시 신자들이 믿음을 굳게 하여 마귀를 대적하라고 권면한다. 이는 "너희 대적 마귀가 우는 사자 같이 두루 다니며 삼킬 자를 찾기 때문이다"(벧전 5:8-9).

어떻게 우리는 사탄을 대적할 수 있는가? 우리는 먼저 사탄을 대적하는 것이 신자들의 책임인 동시에 특권임을 인식해야 한다. 왜냐하면 데렉 프린스(Derek Prince)와 돈 바샴(Don Basham)이 지적하듯이, 최후의 영적 전쟁은 아직 끝나지 않았고, 신자들도 종말적 멸망을 이미 알고 있는 어둠의 세력의 발악적 공격을 받을 수 있기 때문이다. "교리적으로 죄, 질병 및 죽음 모두가 십자가에서 패배당했다. 그러나 분명한 것은 예수님이 십자가에서 완성하신 일이 우리에게 완전히 적용된 것은 아니다. 교리적으로는 신자들이 귀신으로부터 괴로움을 당하지 말아야 하는 것처럼, 신자들은 죄를 짓거나 병이 나서도 안 되는 것이다."[18] 또한 사도 바울이 말씀하듯이, 예수님의 죽으심과 부활을 통해 머리에 손상을 이미 입은 사탄을 상하게 하는 것은 우리 신자의 책임이기 때문이다. "평강의 하나님께서 속히 사단을 너희 발 아래서 상하게 하시리라"(롬

16:20; 창 3:15 참조).

우리는 먼저 사탄의 공격을 받을 수 있는 빌미를 최대한 제거해야 한다. 사도 바울은 거짓, 분노, 도둑질, 더러운 말, 악독, 떠드는 것, 훼방 등 여러 가지 죄악을 통해 마귀에게 공격의 발판(foothold)을 제공하지 말라고 경고한다 (엡 4:25-29). "마귀로 틈을 타지 못하게 하라"(엡 4:27). 사도 야고보 역시 마귀를 대적하는 동시에 하나님께 순복하고 하나님을 가까이 할 것을 권면한다. 그는 또한 죄악을 회개하고 마음을 성결케 할 것을 권면한다. "그런즉 너희는 하나님께 순복할찌어다 마귀를 대적하라 그리하면 너희를 피하리라. 하나님을 가까이 하라 그리하면 너희를 가까이 하시리라 죄인들아 손을 깨끗이 하라 두 마음을 품은 자들아 마음을 성결케 하라"(약 4:7-8).

이제 악한 영들을 추방할 차례다. 왜냐하면 악한 영들을 쫓는 축귀 사역은 신자들이 제일 먼저 경험해야 할 하나님의 표적이기 때문이다. "믿는 자들에게는 이런 표적이 따르리니 곧 저희가 내 이름으로 귀신을 쫓아내며"(막 16:17). 우리는 또한 축귀 사역을 통해 하나님 나라의 임재를 경험할 수 있기 때문이다. "그러나 내가 만일 하나님의 손을 힘입어 귀신을 쫓아내는 것이면 하나님의 나라가 이미 너희에게 임하였느니라"(눅 11:20). 제자 훈련과 성화만으로는 악한 영들이 저절로 떠나지 않기 때문이다. 이는 나의 수년간 축귀 사역 경험과 일치한다. 대부분의 악한 영들이 신자들에게 떠나지 않고 체류하는 이유를 "누가 나한테 나가라고 명령하는 녀석이 있어야지"라고 퉁명스럽게 대답한다. 중국 선교사 출신의 해외 선교회(Overseas Crusades) 지도자 딕 힐리스(Dick Hillis) 역시 마귀 축출의 중요성을 강조한다. "사탄이 기도와 찬송을 다 싫어하지만, 기도와 찬송만으로는 충분하지 않다. 우리는 마귀를 대적해야 하며 떠나가도록 명령해야 한다."[19] 딕 힐리스의 말과 같이 대부분의 경우, 악한 영들은 추방하지 않으면 안 떠난다.

나는 세계적 축귀 사역자 프란시스 맥너트(Francis McNutt)가 제시한 축귀 기도 모델을 사용할 것을 추천한다: 1) 악한 영들을 추방하는 권세 - 나사렛 예수 그리스도의 이름; 2) 축귀 기도의 형태인 명령; 3) 명령의 대상 - 악한 영; 4) 당신이 악한 영들을 추방하는 명령문 - (나)가라! 지금!; 5) 악한 영들이 추방되는 방법 - 조용히 그 누구도 해함 없이; 6) 악한 영들을 추방해야 할 곳 - 예수님의 발 앞으로(혹은 하나님이 준비하시는 장소로).[20]

축귀 사역은 타인은 물론 당연히 자기 자신을 포함해야 한다.

이는 자기 축귀의 DIY("Do It Yourself") 시대 트렌드에 맞을 뿐만 아니라, '자신이 자유케 된 만큼 다른 사람들을 자유케 하는' 축귀 사역을 더욱 효과적으로 할 수 있기 때문이다. 더 나아가서, 사탄이 욥을 모든 방면에서 공격했듯이, 우리는 신자들을 공격하는 사탄을 대적해야 한다(욥 1:13-19, 2:4-9, 3:1-26). 이는 사탄은 사람들을 공격하여 인적 · 물적 · 영적(혹은 정신적) · 관계적 · 사회적 손실을 초래하기 때문이다. 예를 들면, 우리는 질병 · 재정 · 인간관계 · 사고 및 자연재해, 그리고 타락한 성품을 통해 장난질을 치는 마귀를 대적해야 한다. 우리는 또한 가능한 한 모든 방법을 동원해 하나님의 일을 방해하는 마귀를 대적해야 한다(살전 2:18 참조).

영적 전쟁 및 축귀 사역을 개인의 삶과 목회(사역)에 적용하기 원하는 독자들에게 세 권의 책을 정독할 것을 적극적으로 추천하고 싶다.

- 이윤호, 『내 안의 적을 추방하라: 자기 축귀를 위한 종합 안내서』 (베다니)
- 이윤호, 『내 이름으로 사악한 적을 추방하라』 (베다니)
- 찰스 크래프트(Charles Kraft), 『사악한 영을 대적하라』 (은성)

 제 5장

위로부터 온 능력을 덧입어라

할 수 있는 것이 힘이다

　현대는 정보의 시대이다. "어떻게"에 대한 정보인 "노우 하우(know how)"보다 그것을 어디에서 찾을 수 있는지를 알려주는 "노우 웨어(know where)"가 더욱 필요하다. 90년대 중후반에 보급된 인터넷은 노우 웨어의 시대를 열어주었다. 그러나 지금 시대는 노우 웨어의 시대를 지나 "정보를 걸러내는 능력"이 필요한 시대가 되었다. 엄선된 정보는 무언가를 할 수 있는 힘을 갖기 위해 꼭 필요한 것이다. 능력이 없는 지식이란 무용지물(無用之物)이다. 이런 의미에서, 나는 "…을 할 줄 아십니까?"라는 말을 좋아한다. 왜냐하면 "자동차 운전을 할 줄 아십니까?"라는 말은 자동차나 교통법

규에 대한 지식보다는 실제로 도로에서 자동차 운전을 할 수 있는 능력을 묻는 말이기 때문이다.

그리스도인의 삶은 진리 이해와 실천으로 완성된다

올바른 신앙생활은 바른 진리(orthodoxy)와 바른 실천(orthopraxis)의 양축으로 구성된다. 그러나 바른 진리를 아는 것과 실천하는 것은 별개의 문제이다. 따라서 바른 진리를 아는 것 못지않게 그것을 실천할 수 있는 능력이 더욱 필요하다. 특히, 찰스 크래프트 박사가 지적하는 것이 같이, 전통적으로 기독교가 능력보다는 지식에 편중되었다는 점에서 후자는 더욱 중요하다. 사실상, 실천할 수 있는 능력에 대한 강조는 사도 바울의 증언과 같이, 지혜(진리)와 능력의 균형을 찾는 정상적 기독교에로의 복귀이다(고전 1:22,24). 나 자신도 1987년 12월에 성령을 체험한 후에야(혹은 오순절 교회의 표현을 빌리면, 성령 세(침)례를 받은 후), 성경이 증언하는 기독교를 경험하게 되었다. 왜냐하면 성령 체험 전의 신앙생활은 비정상적(abnormal)은 아니지만, 능력 있는 생활에 미치지 못하였기(sub-normal) 때문이다.

왜 성령이 필요한가?

예수님은 부활 후 승천하기 전에 11명의 제자에게 지상 최대 명령을 주셨다(마 28:18-20; 막 16:15; 행 1:8). 전 세계를 복음화하라는 예수님의 명령은 제자들에게 과히 충격적이었다. 왜냐하면 부활을 의심하거나 핍박을 두려워하는 등 그들의 영적 상태는 예수님의 명령을 수행하기에는 역부족이었기 때문이다. 그럼에도 불구하고 왜 예수님은 이런 제자들에게 지상 최대 명령을 주셨을까? 예수님은 제자들에게 부어주실 위로부터 온 능력, 즉 성령에 근거해서 이런 명령을 주셨다. "또 그의 이름으로 죄 사함을 얻게 하는 회개가 예루살렘으로부터 시작하여 모든 족속에게 전파될 것이 기록되었으니 너희는 이 모든 일의 증인이라 볼찌어다 내가 내 아버지의 약속하신 것을 너희에게 보내리니 너희는 위로부터 능력을 입히울 때까지 이 성에 유하라 하시니라"(눅 24: 47-49).

전술한 바와 같이, 바른 진리는 그것에 근거한 바른 실천을 요구한다. 그러나 대부분 신자는 바른 진리를 실천할 수 있는 능력의 부족을 늘 갈등하며 산다. 사도 바울의 간증과 같이, 신앙생활은 "내가 아는 것과 원하는 것(what I know/want)"과 "내가 할 수 있는 것과 실제로 행하는 것(what I can/do)"과의 갈등의 연속이다(롬

7:15,18-19). 성령의 도움이 없다면, 우리 신자들은 지속적인 영적 및 인격 훈련에도 불구하고, "육체의 소욕(the desire of the flesh)"을 따라 사는 갈등의 신음 속에 살아간다(갈 5:16-17,24; 롬 8:1-14 참조). 또한 성령의 조명이 없다면, 우리는 풍성한 삶으로 인도하는 능력 진리에 대한 영적 무지 가운데 살아간다. "하나님이 자기를 사랑하는 자들을 위하여 예비하신 모든 것은 …오직 하나님이 성령으로 이것을 우리에게 보이셨으니"(고전 2:9-10; 요 14:26; 요 16:13).

무엇보다도, 성령을 체험한 제자들과 같이(행 2:1-4) 예수님이 명하신 가르침, 전도 및 치유와 축귀의 3대 사역을 효과적으로 감당하기 위해서는 성령의 능력이 절대적으로 필요하다(마 4:23; 9:35; 행 1:8). 예수님도 효과적 사역을 위해 성령의 능력이 필요하셨다면, 신자들은 성령의 능력이 더욱 필요하지 않겠는가? "하나님이 나사렛 예수에게 성령과 능력을 기름 붓듯 하셨으매 저가 두루 다니시며 착한 일을 행하시고 마귀에게 눌린 모든 자를 고치셨으니 이는 하나님이 함께 하셨음이라"(행 10:38; 슥 4:6; 고전 2:4-5 참조).

그럼에도 불구하고 성령을 체험하기 전의 나처럼, 많은 신자가 성령에 대해 무지한 이른바 "성맹신자(聖盲信者; the Spirit-blind Christian)"로서 살아간다. 이는 성령 시대에 역행하는 동시에 성령이 신자들에게 주시는 수많은 축복을 상실한 채 영적 소경과 극빈자로 살아가는 것과 같다(계 3:17-18).

능력 있는 그리스도인으로 거듭나는 방법

이제까지 나는 모든 신자는 위로부터 온 능력, 즉 성령을 받는 것이 필요하다는 것을 성경적으로 체험적으로 역설하였다. 전술한 바와 같이, 나는 성령의 능력을 받기 전과 후의 신앙생활 및 사역의 현저한 변화를 경험했다. 따라서 나는 모든 신자가 나와 같이 이런 변화를 경험하기를 간절히 소원한다. 이제 위로부터 온 능력을 받고, 이미 받은 능력을 업그레이드 하는 구체적인 방법을 모색해 보자.

첫째, 성령의 충만함을 받기 위해 종래의 생각과 결별하라.

윌리엄 제임스(William James)가 주창하듯이, 우리 시대의 가장 위대한 발견은 인간이 자신의 태도를 변화시킴으로써 삶을 변화시킬 수 있다는 것이다. 이와 같은 맥락에서 성령에 대한 새로운 생각은 성령에 대한 갈증을 유발시킨다. 나는 어떤 사람이 예수를 믿고 구원을 받았을 때, 성령이 그 사람 안에 내주한다는 진리를 오랫동안 믿어 왔었다(롬 8:9; 고전 2:12; 3:16). 나는 또한 에베소서 5장 18절의 말씀과 같이, 신자들은 "성령의 충만함을 받아야 한다."라는 진리를 믿어왔었다. 또 '성령의 충만함'의 정도는 성령이 나 자신을 얼마만큼 지배하는가에 달려있다고 믿었다. 그러나 나는 위로부터 온 성령을 경험한 후에야 내가 믿었던 이런 진리가 성경의 부분적 진리라는 것을 깨닫게 되었다. 내가 종전에 믿었던 진리는 내주의 성령 또는 내적 충만의 성령의 역사였다(the Spirit within). 이것은 신자 안에 성령의 열매를 맺게 하고 성숙한 신앙을 갖도록 돕는다(갈 5:22-23). 반면에, 임재하는 성령의 역사나 성령의 외적 충만(the Spirit upon)은 성령의 능력 은사를 받게 하고, 효과적인 사역을 하도록 돕는다. 유명한 전도자 무디(D. L. Moody)는 역시 『신비한 능력(Secret Power)』이란 책에서 우리 안에 내주하는 성령(the Holy Spirit dwelling in us)과 사역을 위해 임재하는 성령(the Holy Spirit (up)on us for service)이 별개임을 역설한다.[21] 제자들은 오순절에 성령이 임할 때, "급하고 강한 바람 같은 소리"를 귀로 들었고, "불의 혀 같이 갈라지는 것"을 육안으로 보았고, 그들의 입으로 방언을 말하였다. 그들은 성령받은 것을 눈으로 귀로 입으로 입증할 삼중적 증거를 갖고 있었다(행 2:1-4). 이와 같이, 신자가 성령의 외적 충만(혹은 임재의 성령)을 경험할 때, 여러 가지 가시적 혹은 감각적 현상이 수반된다. 예를 들면, 모든 경우는 아니지만,

임재의 성령을 처음 경험하는 신자는 방언이나 몸의 열기, 진동 등의 구체적 현상을 종종 경험한다.

둘째, 성령의 충만함을 지금 구하라.

하나님은 교파와 관계없이 능력 사역을 위한 임재의 성령을 갈구하는 심령에게 성령으로 충만케 하신다. 성령을 체험하는 조건은 단 한 가지이다: 목마르거든. 성령님과 그의 충만함을 사모하는 것이다(요 7:37-39). 만약, 당신이 성령을 체험하지 못했다면, 진실한 마음으로 지금 이렇게 기도하라. "성령님, 저는 갈급합니다. 성령님을 초청합니다. 성령님을 환영합니다. 성령님을 영접합니다. 성령님, 제게 능력으로 임하여 주옵소서! 능력으로 임하여 주시되, 분명한 증거로서 임하여 주옵소서!"

그런 후에, 평안한 상태에서 당신의 의지를 성령께 맡기고, 성령의 임재를 기대하라. 성령의 임재를 조용히 기다려라. 혹은 성령을 환영하는 공동체에 참여하라. 성령을 이미 체험한 지도자들로부터 안수 기도를 받는 것을 주저하지 말아라(딤전 4:14; 딤후 1:6).

셋째, 성령의 더 큰 은사와 기름 부으심을 사모하라.

오순절 사건(the Pentecost)은 역사적인 일회적 사건이기 때문에 재현될 수 없다(행 2:1-4). 그러나 제자들이 오순절 사건 이후 성령의 충만함을 계속적으로 경험했다(행 4:8,31; 13:9; 13:52). 따라서 개인적 오순절 사건(a Pentecost)은 반복될 수 있고, 반복적으로 일어나야 한다. 더 나아가서, 성령의 은사와 기름 부으심은 더욱 업그레이드 되어야 한다. 그리고 모든 은사가 완제품으로 주어진 것이 아닌, 시작이므로 계속적으로 개발되어야 한다. 사도 바울의 권면과 같이, 우리는 더 큰 은사와 기름 부으심을 사모해야 한다. "너희는 더욱 큰 은사를 사모하라…신령한 것을 사모하되 특별히 예언을 하려고 하라"(고전 12:31; 14:1; 겔 47:3-5 참조). 성령의 더 큰 은사와 기름 부으심을 받기 위해서는 삼위일체 하나님께 더욱 초점을 맞춰야 한다. 왜냐하면 하나님이 자기를 기쁘시게 하는 신자들에게 그가 소유한 모든 것을 기꺼이 나누어 주기를 원하시기 때문이다(롬 8:31-32; 시 34:9-10).

넷째, 성령의 능력을 최대한 사용하라.

전술한 바와 같이, 성령의 능력은 전도와 사역을 위해 주신 것이다. 성령 충만을 이미 경험했지만, 거의 사용하지 않는 신자들을 종종 만난다. 이는 마치 운전 면허증을 취득 후, 전혀 운전해 본

적이 없는 "장롱 면허증"을 소유한 운전자와 같다. 성령의 작은 은사와 기름 부으심을 소중히 여기며 충성스럽게 사용하면, 더 큰 은사와 기름 부으심을 받게 되기 마련이다(눅 16:10-11; 왕상 18:44-45; 슥 4:10). 성령의 능력을 전도, 치유, 축귀, 중보 기도 등 능력 사역(power ministry)에 계속적으로 적용해야 한다(눅 4:16-19; 눅 5:17; 막 16:17-18,20). 이는 몸의 근육을 더욱 사용하는 만큼 개발되는 원리와 같다. 특히, "하나님 없이 우리는 아무것도 하지 못한다. 그러나 우리가 없으면 하나님은 아무 일도 하지 않으신다."라는 어거스틴의 말과 같이, 우리는 하나님의 동역자로서 성령의 능력으로 하나님의 사역을 감당해야 한다.

다섯째, 기본 영성을 관리하라.

나는 성령의 엄청난 능력을 예전엔 소유하였지만, 지금은 그런 능력을 상실한 사역자들을 가끔 만난다. 삼손과 같이 범죄로 인해 전에 있었던 능력을 상실한 경우도 많다(삿 16:20). 다윗은 자신의 간음죄를 회개한 후 영적 갱신과 하나님과 성령의 임재를 거두어가지 말기를 간절히 기도했다(시 51:10-11). 사도 바울 역시 자기 훈련에 힘을 쏟았는데, 이는 사역 후 상급을 상실하지 않기 위해서이다. "내가 내 몸을 쳐 복종하게 함은 내가 남에게 전파한 후에 자기가 도리어 버림이 될까 두려워함이로라(I myself will not be disqualified for the prize)"(고전 9:27). "사탄은 신자들을 나쁘게 만들기보다는 바쁘게 만든다."라는 말과 같이, 우리는 기본 영성 관리를 소홀히 하는 죄를 범하지 않도록 해야 한다. 더 나아가서, 사도 바울이 디모데에게 권면한 것 같이, "하나님의 쓰임에 합당하며 모든 선한 일에 준비를 갖추도록" 깨끗한 그릇이 되도록 힘써야 한다(딤후 2:20-21).

 **제 6장**

영적 권세로 세상을 정복하라

영적 권세를 사용하면 새로운 차원의 신앙생활이 열린다

수십 년 동안 신앙생활을 하면서, 과거에 진작 알았다면 얼마나 좋았을까 하는 진리 둘 중 하나는 신자가 하나님의 엄청난 권세를 소유하고 있다는 것이다. 나의 학업과 사역의 멘토인 찰스 크래프트 박사의 『신자가 소유한 놀라운 권세(베다니)』라는 책을 통하여, 나는 능력 사역에 직접 참여함으로써 이런 진리를 확인할 수 있었다. 그런데 문제는 과거의 필자처럼 많은 신자가 하나님이 그들에게 주신 권세를 모르기 때문에 거의 사용하지도 못한다는 것이다. 크래프트 박사가 친구한테서 들은 뉴에이지 단원에 관한 이야기는 이런 실상을 잘 말해준다. 이 뉴에이지 단원은 구원받기 전에, 사탄에 사로잡혀 사람들이 소유한 여러 종류의 영적 능력을 "투시"할 수 있는 능력을 갖고 있었다. 이 여자는 멀리서도 신자들을 금방 알 수 있었는데, 신자들은 불신자들과 비교해 훨씬 큰 능력을 소유하고 있었기 때문이다. 그런데 대부분 신자는 그들이 그런 능력을 소유한 것을 모르기 때문에, 뉴에이지 추종자들에게는 전혀 위협이 되지 않았다는 것이다.

어떤 신자들은 신자가 하나님의 엄청난 권세를 소유하고 있다는 것을 알고 있다. 그러나 소수의 신자만이 하나님의 권세를 사용하고 있는 것이 현실이다. 예수님의 제자들도 이런 종류의 삶을 산 적이 있었다. 예수님이 탄 배에 갑자기 폭풍이 몰아쳤다(마 8:23-27; 막 4:35-41; 눅 8:22-25). 그때 예수님은 너무 피곤하여 배에서 깊은 잠에 빠져 있었다. 죽음의 위험을 직면한 제자들은 "선생님이여 우리의 죽게 된 것을 돌아보지 아니하시나이까 하니"(막 4:38)라고 예수님을 깨웠다. 이때 예수님은 바람과 바다를 꾸짖으시며 "잠잠하라 고요하라"라고 권세 있게 명령할 때, 풍랑은 잔잔하게 되었다. 그 후 예수님은 믿음이 없는 제자들을 책망하셨다. 왜냐하면 하나님이 그들에게 주신 권세를 사용하지 않는 것은 믿음의 부재이기 때문이다. 찰스 크래프트 박사는 예수님은 "잠자는 자신을 깨우기보다는 제자들 자신들이 바람과 바다를 잔잔케 하는 권세를 직접 사용하기를 원하셨다"라고 본문의 사건을 신자의 삶에 적용하였다. 만약 제자들이 자연을 정복하는 권세를 사용했더라면, 아마도 "우리가 누구관대 바람과 바다도 순종하는고"라는 감탄사를 터트렸을 것이다(마 8:27; 막 4:41; 눅 8:25 참조). 더 나아가서 그들의 믿음은 새로운 차원의 믿음으로 업그레이드 되었을 것이다.

당신이 소유한 권세를 영적 법칙을 따라 사용하라

권세를 사용하는 것은 마치 칼을 사용하는 것과 같다. 사용 용도에 따라 유익을 주거나 손상을 준다. 하나님의 권세를 목격한 제자들은 사마리아를 통해 예루살렘으로 가는 그들을 환대하지 않는 사마리아인을 향해 권세를 사용하기를 원했다. "주여 우리가 불을 명하여 하늘로 쫓아내려 저희를 멸하라 하기를 원하시나이까(Lord, do you want us to call fire down from heaven to destroy them)?"(눅 9:54). 그들은 권세를 사용하기는커녕 오히려 예수님으로부터 야단만 맞았다. 에블린 언더힐(Evelyn Underhill) 여사는 『실천적 신비주의(Practical Mysticism)』라는 책에서 영적 권세를 영적 법칙을 따라 사용할 것을 강조한다. "영적인 법칙을 모르는 것이 구속(拘束)이고 영적인 법칙을 아는 것이 자유다. 그리고 영적인 법칙을 쓰는 것이 삶의 지혜이다." 이제 몇 가지 권세 사용 수칙을 상고해 보자.

첫째, 권세와 능력의 상관관계를 이해해야 한다. 교통 위반을 단속하는 여자 경찰관의 경우, 교통 위반을 한 건장한 남자 운전자를 단속할 능력보다는 권세를 가지고 있다. 반면에 감옥의 죄수들을 관리하는 교도관의 경우, 감옥 문을 열 수 있는 능력인 열쇠를 가지고 있다. 그러나 상부로부터 죄수를 석방해주라는 지시가 없는 한, 감옥 문을 열어 줄 수 없다. 왜냐하면 교도관은 감옥 문을 열어 줄 권세가 없기 때문이다. 이런 의미에서 모든 능력은 기본적으로 권세로부터 나온다. 신자의 능력은 권세로부터 나오고, 신자의 권세는 하나님으로부터 위임된 된 것이다.

둘째, 권세가 영적이든, 비영적이든, 거저 획득했든 관계없이 겸손하게 사용해야 한다. 이는 모든 권세가 하나님께로부터 이양된 권세이기 때문이다(롬 13:1). 권세를 사용하는 자들은 타인의 재산을 관리하는 청지기의 심정으로 충성스럽게 섬겨야 한다.

셋째, 권세를 자신의 삶의 현장에서 사용해야 한다. 더 나아가서 권세를 다른 사람의 유익을 위해 사용해야 한다. 이는 예수님의 본을 따라 '주는 것이 받는 것보다 복이 있기' 때문이다(행

20:35). 다른 사람의 유익을 위해 권세를 사용할 때 하나님께 영광을 돌리게 된다. "그런즉 너희가 먹든지 마시든지 무엇을 하든지 다 하나님의 영광을 위하여 하라"(고전 10:31). 다른 사람의 유익을 구하지 않을 때, '나뿐인 사람'인 나쁜 사람이 되고, 그리스도로 충만한 '그리스도인'이 아닌 나로 꽉 찬 '나찬' 사람이 된다. 나의 유익을 위해 권세를 사용하게 되면, 자동적으로 권세를 남용하거나 오용할 위험성이 많다.

넷째, 권세의 남용이나 오용을 막기 위해서는 권세는 자신이 속해있는 공동체의 지도나 감독하에서 사용돼야 한다. 왜냐하면 한 개인의 지도력이 공동체의 구성원이 인정하는 만큼 발휘되듯이, 권세 역시 주어진 공동체 내에서 발휘되기 때문이다. 권세는 또한 한 공동체 지도자의 인도를 따라 사용돼야 한다. 예를 들면, 나는 어떤 교회에 부흥회 강사로 초청을 받았을 경우, 그 교회의 담임 목회자가 명시적으로 묵시적으로 허락하는 만큼 사역을 감당한다. 만약 담임 목사가 치유 사역에 부정적이거나 소극적인 경우, 나는 그 교회에서는 치유 사역을 최대한 절제한다.

다섯째, 신자들은 하나님의 권세가 사용되는 통로가 되기 때문에, 영성 관리는 필수적이다. 사도 바울 역시 영성 관리의 필요성을 강조한다. "내가 내 몸을 쳐 복종하게 함은 내가 남에게 전파한 후에 자기가 도리어 버림이 될까 두려워함이로라"(고전 9:27). 영성 관리는 사랑, 겸손, 온유와 같은 성령의 열매와 영적 성숙을 지향해야 한다. 이는 영적 성숙이 내적 충만으로서 성령의 기름 부으심과 같은 외적 충만을 담을 수 있는 그릇이 되기 때문이다. 영성 관리는 또한 거룩한 삶을 지향해야 한다. 왜냐하면 거룩한 삶은 자신의 은사나 능력과 관계없이 하나님이 귀하게 사용할 수 있는 조건이 되기 때문이다. "큰 집에는 금과 은의 그릇이 있을 뿐 아니요 나무와 질그릇도 있어 귀히 쓰는 것도 있고 천히 쓰는 것도 있나니 그러므로 누구든지 이런 것에서 자기를 깨끗하게 하면 귀히 쓰는 그릇이 되어 거룩하고 주인의 쓰심에 합당하며 모든 선한 일에 예비함이 되리라"(딤후 2:20-21).

그리스도인의 권세를 최대한 사용하라

용불용설(用不用說 · Use and Disuse Theory), 즉 인간의 몸의 개체에서 자주 사용되는 기관은 발달하고, 반대로 그다지 사용되지 않는 기관은 차츰 퇴화한다는 뜻이다. 이런 이론은 권세 사용에도 적용될 수 있다. 따라서 하나님이 신자에게 주신 권세를 최대한 사용해야 한다. 이는 신자들에게 권세를 주신 하나님이 그들이 권세를 많이 사용할 것을 기대하고 있기 때문이다. "무릇 많이 받은 자에게는 많이 찾을 것이요 많이 맡은 자에게는 많이 달라 할 것이니라"(눅 12:48). 또한 주어진 권세의 양과 질과 관계없이, 권세를 충성스럽게 많이 사용하면, 더 큰 권세가 주어지는 '작은 것이 크게 되는 원리(Little-Big Principle)'가 작용하기 때문이다(눅 16:10-12; 고전 4:2 참조).

과연 권세를 무엇을 위해 사용할 것인가? 우선 권세를 하나님의 보호를 위해 사용해야 한다. "화가 네게 미치지 못하며 재앙이 네 장막에 가까이 오지 못하리니. 저가 너를 위하여 그 사자들을 명하사 네 모든 길에 너를 지키게 하심이라"(시 91:10-11; 살후 3:3 참조). 특히, 자동차 운전이나 비행기, 배, 열차 여행을 할 땐 하나님의 보호를 구하는 기도를 반드시 해야 한다. 또한 어떤 불행한 일을 미연에 방지하기 위해 이 권세를 사용할 수 있어야 한다. "여호와께서 내게 도움이 되지 아니하셨더면 내 혼이 벌써 적막 중에 처하였으리로다"(시 94: 17). 보호 및 방어의 차원을 넘어서, 전도, 치유, 축귀, 구제 등의 사역을 통해 사탄의 나라를 공격함으로써 하나님의 나라를 확장시키는데 신자의 권세를 사용해야 한다.

하늘 시민의 권세를 삶의 현장에 사용하라

나는 지난 20년간 신자의 권세를 사용하면서 많은 축복을 경험하였다. 우선 선교사 생활을 하면서 칠 년간 다른 나라에 있는 선교사 자녀 학교에 보낸 두 명의 자녀들을 위해 권세를 사용하면서 하나님의 보호를 경험할 수 있었다. "믿지 아니하는 남편이 아내로 인하여 거룩하게 되고 믿지 아니하는 아내가 남편으로 인하여 거룩하게 되나니 그렇지 아니하면 너희 자녀도 깨끗지 못하니라 그러나 이제 거룩하니라."(고전 7:14)라는 말씀에 근거하여 나는 가족 상호 간에 존재하는 언약 및 영적 영향력의 권세를 주장한다. "나를 통하지 않고서는 내 아내나 두 자녀를 공격하지 못하도록 모든 어둠의 세력에게 명령하노라. 나는 예수 그리스도의 전신 갑주를 입었기에, 그 어떤 세력도 나를 공격하진 못할지어다."라는 권세 기도를 종종 한다. 이런 기도는 목사가 교회와 성도들을 위해, 상사가 직원들을 위해, 선생이 학생들을 위해 얼마든지 변형해서 사용할 수 있다.

물론, 다른 사람들을 위한 사역에서 권세를 사용해야 한다. 환자들이 나에게 질병의 치유를 위해 기도를 부탁할 때, 나는 신자의 권세를 사용하여 그들을 위해 기도한다(약 5:13-15). 특히 기도

시, 어둠의 세력의 개입이 감지될 때, 질병 배후에서 장난치는 악한 영들을 꾸짖는 기도를 한다(눅 4:39; 막 4:39; 눅 4:35 참조). 악한 영들의 장난(혹은 공격)이나 개입이 불확실한 경우, 축귀 사역 전문가 크래프트 박사가 권면하는 기도문을 사용해도 무방하다. "만약 악한 영들의 장난이라면, 당장 멈추고 떠날 것을 명령하노라(If this is the enemy, stop it now)." 물론 악한 영들을 추방하는 축귀 사역을 위해서는 큰 소리나 완력을 사용하지 않고, 영적 권세를 사용해야 한다(마 10: 1,8; 막 16: 17-18; 눅 10:17; 롬 16:20). 더 나아가서, 죄로 인해 사탄이 획득한 모든 속박, 즉 가계적 속박(저주), 혼의 묶임, (내적) 맹세, 사탄과의 계약 및 헌신을 취소하고 무효화시키는 권세를 사용해야 한다. 이를 통해 하나님이 신자에게 약속한 참 자유를 경험할 수 있다(요 8:32,36).

나는 집회나 세미나 인도 시, 방언이나 성령의 기름 부으심을 원하는 신자들의 기도 요청을 종종 받는다. 사도 바울과 같이 나 역시 어떤 영적 은사를 신자들에게 나눠주기를 갈망한다. "내가 너희 보기를 심히 원하는 것은 무슨 신령한 은사를 너희에게 나눠 주어 너희를 견고케 하려함이니"(롬 1:11). 이때, 나는 성령을 초청하며 성령의 능력을 전수하는 권세를 사용한다. "네 속에 있는 은사 곧 장로의 회에서 안수 받을 때에 예언으로 말미암아 받은 것을 조심 없이 말며"(딤전 4: 14; 눅 11:13; 요 7:37-39; 딤후 1:6 참조).

백문이 불여일견(百聞而不如一見),
백견이 불여일행(百見而不如一行)

백 번 듣는 것보다 한번 보는 게 낫고, 백번 보는 것보다 한번 실행해 보는 게 낫다는 말씀이다. 지금까지 신자의 권세에 대해 상고해 보았다. 이제 남은 것은 독자 스스로가 신자의 권세를 사용해 보는 것이다. 미국 사람들이 흔히 사용하는 말과 같이, 실제로 시도해 보는 것이다("Just do it."). 적용을 위한 첫 단계로 찰스 크래프트 박사의 책, 『신자가 소유한 놀라운 권세』를 일독할 것을 권면한다.

 제 7장

능력 기도로 장애물을 파쇄하라

장애물을 돌파한 팔순 할머니의 기도(?)

　미국 우체국에서 우편물의 주소 점검을 하던 한 직원이 하루는 정식 주소 대신 "하나님 앞"이라고 흘림으로 쓴 편지 한 통을 발견했다. 반송할까 하다가 그 편지를 열어 보았다. 편지의 내용은 다음과 같았다.

　"하나님 전 상서. 저는 노인 아파트에 사는 83살의 독신녀입니다. 어제 어떤 사람이 제 지갑을 훔쳐 갔습니다. 그 속엔 제 두 달치 생활비인 전 재산 100불이 들어있어요. 그 돈 없으면 오는 크리스마스 날 초청한 두 친구와 저녁을 못 먹습니다. 하나님이 제발 좀 도와주세요."

그래서 우체국 직원들은 서로 돈을 모아 96불을 마련해서 그 할머니에게 보내드렸다. 그리고 우체국 직원들은 생각했다. 이제 머지않아 하나님께 보내는 할머니의 따뜻한 답글이 오겠지. 친구들과 잘 먹었다는…며칠 후 하나님께 보내는 그 할머니의 답장이 드디어 왔다. 우체국 직원들은 둘러앉아 그 편지를 읽었다. 내용은 이랬다.

"하나님 전 상서. 하나님께서 주신 선물 너무너무 감사합니다. 덕분에 친구들과 풍성한 저녁을 잘 먹었습니다. 친구들에게도 하나님 자랑 많이 했습니다. 그런데 4불이 모자랍니다. 제 생각에는 저 못된 우체국 직원들의 짓인 것 같습니다. 하나님, 이 못된 우체국 직원들 제발 혼 좀 내주세요."

성경에는 기도에 관한 4,980구절이 포함되어 있다. 그런데 신약 야고보서 5장 13-18절 말씀은 기도에 대한 기록이 가장 풍성한 본문이다. 성경의 어떤 본문보다도 기도에 대해 가장 많이 기록했다.

- 약 5:13-18 너희 중에 고난 당하는 자가 있느냐 그는 기도할 것이요 즐거워하는 자가 있느냐 그는 찬송할지니라 (14) 너

희 중에 병든 자가 있느냐 그는 교회의 장로들을 청할 것이요 그들은 주의 이름으로 기름을 바르며 그를 위하여 기도할지니라 (15) 믿음의 기도는 병든 자를 구원(치유)하리니 주께서 그를 일으키시리라 혹시 죄를 범하였을지라도 사하심을 받으리라 (16) 그러므로 너희 죄를 서로 고백하며 병이 낫기를 위하여 서로 기도하라 의인의 간구는 역사하는 힘이 큼이니라 (17) 엘리야는 우리와 성정이 같은 사람이로되 그가 비가 오지 않기를 간절히 기도한즉 삼 년 육 개월 동안 땅에 비가 오지 아니하고 (18) 다시 기도하니 하늘이 비를 주고 땅이 열매를 맺었느니라

전술한 할머니와 같이 장애물의 위기는 기도를 부른다. 본문 역시, 고난(13절), 질병(14절), 그리고 능력 대결의 상황(17-18절)은 기도를 부른다. 야고보서 5장 16절 후반절은 능력 기도를 소개한다. "의인의 간구는 역사하는 힘이 큼이니라(The prayer of a righteous man is *powerful* and *effective*)." 우리는 기도의 능력에 대해서는 많이 들었다. 반면에 능력 기도(power prayer)에 대해서는 많이 들어보지 못했다. 과연 기도의 능력과 능력 기도는 어떤 차이가 있는 것일까? 기도의 능력이 객관적이고 공동체적 진리라면, 능력 기도는 주관적이고 개인적으로 체험된 진리이다. 또한 능력 기도의 수단

은 기도 자체가 아닌 기도자이다. 즉 능력 기도의 요소는 엘리야와 같은 의인이다. 이런 의미에서 할머니는 하나님의 은혜로 기도 응답을 받았다. 그러나 의인이라기보다는 어쩌면 상처와 피해 의식으로 가득 찬 기도자로 구분될 수 있다.

능력 기도의 요소

기도는 최소한 네 가지 유형을 포함한다. 영어 약자 ACTS로 설명된다.

A - 찬양(Adoration) (히 13:15)
C - 죄의 고백(Confessions) (요일 1:9)
T - 감사(Thanksgiving) (빌 4:6,7)
S - 간구/중보(Supplication) (마 7:7,8; 삼상 12:23)

앞에서 소개한 의인의 능력 기도(약 5:16)는 강력하고(powerful), 효과적(effective)인 기도이다. 예를 들면, 서울에 있는 설교자가 부산에 있는 한 교회에서 설교하도록 초청받았다고 가정하자. 그가 서울에서 부산에 가는 방법은 여러 가지가 있다. 비행기, 기차, 자가용, 버스, 자전거 등의 교통수단을 이용할 수 있다. 설교자는 심지어 걸어서도 부산에 갈 수가 있다. 그러나 목적지에 일찍 도착하기를 원한다면, 그는 비행기를 이용하는 게 가장 효과적일 것이다. 반면에, 도보는 가장 느리지만, 설교자의 측면에서 보면 가장 헌신적인 방법일 것이다. 교통수단 간의 이런 단순한 비교는 가장 헌신적인 방법이 가장 효과적인 결과를 가져올 수 없다는 사실을 설명해 준다. 이런 의미에서 신자들은 모든 일에 성실해야 하지만(faithful), 동시에 풍성한 열매를 맺어야 한다(fruitful).

본문은 기도의 기준 유형인 'ACTS'를 전제로 하여, 다섯 가지 능력 기도의 요소를 부연 설명한다: 1) 믿음의 기도(15절 상반절; 마 21:21; 약 1:6-7); 2) 하나님과 타인에게 죄 고백의 기도(15절 하반절, 16절 상반절; 잠 28:13; 요 20:23; 욥 1:4-5 참조); 3) 서로 사역의 기도(14절, 16절 상반절; 갈 6:2; 엡 4:2; 골 3:13; 히 10:24-25, 13:18; 벧전 4:8-11, 5:5); 4) 의인의 기도(16절 하반절); 5) 능력 대결의 기도(17-18절; 엡 6:12; 출 7:8-11:8; 왕상 18:16-40; 행 13:4-12).

나는 능력 기도의 요소인 의인의 기도 외에 권세 기도와 친밀 기도를 소개하고 싶다. 영어 약자 AIR(공기)로 설명된다.

A - 권세 기도(Authority Prayer)

I - 친밀 기도(Intimacy Prayer)

R - 의인의 기도(A Righteous Man's Prayer)

1. 권세 기도(Authority Prayer)

『기도』의 저자, 리차드 포스터(Richard Foster)는 권세 기도를 '하나님의 뜻이 이 땅에 실현되기를 요구하며, 하나님의 권세를 사용하여 어떤 일이 이루어지도록 명령하는' 기도라고 정의한다.[22] 윌리암 로(William Law)는 "인간의 뜻이 하늘에서 이루어지게 하는 도구가 아니라, 하나님의 뜻이 땅에서 이루어지게 하는 강력한 도구"로서의 권세 기도를 언급한다.[23] 『기도』의 저자 오 할레스비(Ole Hallesby) 역시 "기도는 하늘의 권능을 땅으로 가져오는 통로"라며 권세 기도의 특성을 강조한다.[24] 『신자가 소유한 놀라운 권세』의 저자, 찰스 크래프트 박사는 예수께서 공생애 기간 중 권세 기도를 사용해서 사역했다고 증언한다. 예를 들면, 예수님은 하나님 아버지가 그에게 준 권세를 주장했으며, 하나님을 위해 그 권세를 사용했다. 예수님은 대부분 병자가 치유되라고(눅 4:39, 5:13), 악한 영에게 떠나라고(눅 4:35), 바람과 풍랑에게 잠잔하라고(눅 8:24), 혹은 병자가 치유되기 위해 믿음으로 무언가를 하라고 명령했다(눅

5:24, 6:10, 7:14). [25] 권세 기도는 하나님께 간구가 아닌, 명령으로 이루어지기 때문에 종종 '명령 기도'로 일컬어진다.

예수님과 같이 우리 역시 권세 기도를 사용할 수 있다. 이는 예수님께서 우리 신자들에게 사명을 부여하시며 그와 똑같은 권세를 위임하셨기 때문이다. "예수께서 열두 제자를 불러 모으사 모든 귀신을 제어하며 병을 고치는 능력과 권위를 주시고 하나님의 나라를 전파하며 앓는 자를 고치게 하려고 내보내시며"(눅 9:1-2). 예수님으로부터 사명을 부여받은 칠십 인도 권세 기도를 사용할 때, 그들은 놀라운 결과를 경험했다. "칠십 인이 기뻐하며 돌아와 이르되 주여 주의 이름이면 귀신들도 우리에게 항복하더이다"(눅 10:17). 그때 예수님께서도 기뻐하셨다. 왜냐하면 "이제 그분(예수님)은 하늘의 권능이 일반 사람들에게도 위임될 수 있다는 사실을 확인하셨기 때문이다."[26] 이런 이유 때문에, 우리는 예수님의 약속이 '거기 과거에(there and then)' 뿐만 아니라 '여기 지금(here and now)'에 살고 있는 모든 신자에게도 여전히 유효하다고 확신한다. "내가 진실로 진실로 너희에게 이르노니 나를 믿는 자는 내가 하는 일을 그도 할 것이요 또한 그보다 큰 일도 하리니 이는 내가 아버지께로 감이라"(요 14:12).

권세 기도에 대한 가장 좋은 역사적 사례는 1969년 3월 인도네시아 이리안 자야(Irian Jaya) 대중 전도 집회 때 일어난 자연 기적이다. 수많은 비신자가 참석한 대중 전도 집회가 시작할 무렵에 갑자기 장대 같은 소나기가 내리기 시작했다. 이때 페트루스 옥타비아누스(Petrus Octavianus) 목사가 쏜살같이 단상에 나가 기도했다. "주여 이 사람들이 집회에 참석하기 위해 멀리서 왔습니다. 이 사람들을 제발 실망하게 하지 마소서. 예수님 이름으로 명하노니, 소낙비는 즉시 멈출지어다(In the name of Jesus, the rain should stop)." 그때 옥타비아누스 목사의 권세 기도에 소낙비는 갑자기 멈췄다. 18일 동안 진행된 전도 집회의 결과로 약 삼천 명이 기독교로 개종하였다. 또한 약 250명의 청년이 전임사역자가 되기로 결단했다.[27]

2. 친밀 기도(Intimacy Prayer)

친밀 기도는 단순히 하나님의 임재 속에 거하는 것을 포함한다. 하나님이 우리에게 기대하시는 권세를 사용하고자 한다면 우리는 하나님과 친밀함을 유지할 필요가 있다. 예수님은 종종 그가 무엇을 할 것인가에 대해 아버지로부터 지시를 받으셨다. 그렇게 하여 예수님은 권세 있게 가르치고 사역을 하실 수 있었다.[28] 이런 의미에서 친밀 기도는 권세 기도의 전제 조건이다. 요한복음 5장에서 언급된 베데스다 못에서의 예수님의 치유 사역은 친밀 기도와 권세 기도의 역동성을 가장 설명한다.

예수님은 서른여덟 해 된 병자에게 "네가 낫고자 하느냐"라고 물으시며 "일어나 네 자리를 들고 걸어가라"라고 명령했다. 그때 "그 사람이 곧 나아서 자리를 들고 걸어갔다"(요 5:1-9). 그런데 우리는 "왜 예수님께서는 수많은 환자가 모여 있는 베데스다 못에서 단 한 명만을 치유했을까?"라는 의문을 갖는다. 예수님의 말씀은 이런 질문에 대한 해답을 준다. "그러므로 예수께서 그들에게 이르시되 내가 진실로 진실로 너희에게 이르노니 아들이 아버지께서 하시는 일을 보지 않고는 아무것도 스스로 할 수 없나니 아버지께서 행하시는 그것을 아들도 그와 같이 행하느니라. 아버지께서 아들을 사랑하사 자기가 행하시는 것을 다 아들에게 보이시고 또 그보다 더 큰 일을 보이사 너희로 놀랍게 여기게 하시리라"(요 5:19-20). 예수님은 친밀 기도를 통해 사역을 위해 하나님 아버지께 전적으로 의지해야만 했었다. 그래서 예수님은 하나님으로부터 "무엇을 언제 어디서 어떻게 누구에게 할 것인가?" 하는 지시를 구체적으로 받으셨다.

3. 의인의 기도(A Righteous Man's Prayer)

능력 기도의 핵심 요소는 기도자이다. 기도(prayer)와 기도자(pray·er)라는 영어 철자는 동일하다. 기도에 관한 수많은 책이 있지만, 기도자에 관한 책은 매우 드물다. 우리는 "기도가 사람을 변화시킨다."라는 말을 흔히 듣는다. 그러나 내 경험은 "기도가 사람을 변화시키는 것이 아니라, 진정한 기도자가 사람을 변화시킨다."라고 역설하고 싶다. 『안수로 병 고치는 내과 의사』의 저자 안우성도 비슷한 증언을 한다. 저자는 "사람들이 기도를 많이 할수록 자기만 아는 이기적인 신자가 된다."라고 주장한다. 왜냐하면 기도가 자신과 가족의 울타리를 전혀 넘지 못하기 때문이다. 자신을 위해서만 드리는 기도는 응답되기 매우 힘들다. 이는 그들이 자신에게만 관심이 있는 사람들이기 때문이다. 반면에 많은 사람을 위한 중보 기도에 힘쓰다 보면 '예수님의 마음'을 얻게 된다. 따라서 저자는 이런 중보 기도자의 간절한 소원을 하나님은 긍휼히 여기신다고 역설한다. 그는 또한 이런 기도에 하나님의 기적이 나타난다고 간증한다.[29]

성경도 의인의 기도의 능력에 대해 설파한다. "여호와는 악인을 멀리 하시고 의인의 기도를 들으시느니라"(잠 15:29). "주의 눈은 의인을 향하시고 그의 귀는 저의 간구에 기울이시되 주의 낯은 악행하는 자들을 향하시느니라 하였느니라"(벧전 3:12). 아브라함은 의인의 기도를 몸소 실천한 사람이다: "하나님이 들의 성들을 멸하실 때 곧 롯의 거하는 성을 엎으실 때에 아브라함을 생각하사 롯을 그 엎으시는 중에서 내어 보내셨더라"(창 19:29). 히스기야 왕 역시 의인의 기도를 통해 자신의 죽음에서 15년 생명을 연장받는 축복을 받았다. "여호와여 구하오니 내가 진실과 전심으로 주 앞에 행하며 주의 보시기에 선하게 행한 것을 기억하옵소서 하고 심히 통곡하더라"(왕하 20:3). 심지어 항상 기도하며 많이 구제한 이방인 고넬로는 베드로를 통해 구원받는 축복을 누리게 되었다. "고넬료가 주목하여 보고 두려워 가로되 주여 무슨 일이니이까 천사가 가로되 네 기도와 구제가 하나님 앞에 상달하여 기억하신 바가 되었으니"(행 10:4).

 제 8장

초자연적인 보호를 주장하라

우리가 살고 있는 세상은 정말 안전한 곳인가?

21세기 현대인들은 역사상 최고의 문명이기를 누리며 산다. 그러나 우리가 살고 있는 세상은 그다지 안전하지는 않다. 왜냐하면 자동차나 배, 열차 여행 시 많은 사고가 일어나기 때문이다. 모든 치명적인 사고의 20%가 자동차 사고로, 비행기나 배, 열차 여행 시 모든 사고의 16%가 발생한다. 특히 한국의 경우 전 세계에서 교통사고 사망률이 상당히 높은 나라로서, 2020년에 3,079명이 교통사고로 사망했다. 이는 당해 우리나라 전체 사망자 수 305,100명의 약 1%가 된다. 그러나 교통사고 사망자 및 부상 자수는 209,654명으로 전체 사망자 수의 약 69%에 달한다. 사고는 인간의 실수 외에 인간의 죄로 종종 발생한다. 1995년에 티모시 맥베이(Timothy McVeigh)의 범죄로 미국 오클라호마주 정부 청사의 절반이 파괴되고, 168명이 사망했다. 2001년에 이슬람 테러 분자들에 의해 발생한 9.11 사태로 3,000명 이상이 사망했다. 한국에서는 2003년에 김대한의 불특정 다수를 향한 범죄로 발생한 대구 지하철 화재 사고로 192명이 사망했고, 148명이 부상했다. 이로 인한 인적·물적 피해는 약 7,000억 원에 이른다.[30]

하나님의 보호가 항상 필요하다

성경은 하나님이 우리의 보호자가 되신다고 증언한다. 시편 121편은 하나님은 졸지고 않고 주무시지 않고 해와 달의 자연 환경을 포함한 모든 환난으로부터 우리를 지켜주신다고 약속하신다. "여호와께서 너로 실족지 않게 하시며 너를 지키시는 자가 졸지 아니하시리로다. 이스라엘을 지키시는 자는 졸지도 아니하고 주무시지도 아니하시리로다. 여호와는 너를 지키시는 자라 여호와께서 네 우편에서 네 그늘이 되시나니 낮의 해가 너를 상치 아니하며 밤의 달도 너를 해치 아니하리로다. 여호와께서 너를 지켜 모든 환난을 면케 하시며 또 네 영혼을 지키시리로다. 여호와께서 너의 출입을 지금부터 영원까지 지키시리로다"(시 121:3-8). 특히 예수님은 우리 신자들이 살고 있는 세상을 어린 양을 물어가는 굶주리고 흉악한 이리떼가 득실거리는 위험한 세상으로 묘사했다

(마 10:16; 눅 10:3; 요 10:12; 행 20:29). 그래서 예수님은 세상을 떠나기 전날 밤에 제자들의 보호를 위해 중보 기도를 했다. "내가 저희와 함께 있을 때 내게 주신 아버지의 이름으로 저희를 보전하와 지키었나이다…내가 비옵는 것은 저희를 세상에서 데려가시기를 위함이 아니요 오직 악에 빠지지 않게 보전하시기를 위함이니이다"(요 17:12,15).

박명하 선교사(온두라스)는 몇 년 전에 하나님의 기적적 보호를 체험했다. 한국에서 온 두 명의 선교팀을 데리고 선교지를 방문했다. 박 선교사의 차는 산에서 내려오면서 빗길에 미끄러져 아래서 올라오는 큰 트럭을 피하려다 전복되어 절벽 중간에 차가 아슬아슬하게 걸렸다. 얼마나 위험한 상황이었던지 15분 후에 그곳을 지나가던 견인차가 선교사의 차를 견인하려 하자 차는 곧 절벽 아래로 떨어졌다. 물론 선교사를 포함한 세 명의 교역자들은 차에서 무사히 빠져나왔고, 차도 무사히 견인할 수 있었다. 차는 몇 장의 유리창만 깨졌을 뿐 아무도 다치지 않았다. 박 선교사는 차가 전복되었을 때, 누군가가 차를 밧줄로 잡아 절벽으로 아주 천천히 향하다가 멈추는 것을 체험했다고 간증했다. 왜 이런 기적이 일어났을까? 그것은 하나님께서 박 선교사의 부인 최은심 선교사에게 대형 교통사고의 환상을 두 번이나 보여줘 보호 및 대적 기도을 했기 때문이었다.

2008년 8월 28일 일간 신문의 머리기사가 내 가슴을 쓸어내렸다: 『필리핀 교통사고 유족·교회 망연자실』. 하루 전날인 8월 27일에 필리핀에 단기 선교를 하러 갔던 목사 부부 등 8명의 한국 교인과 2명의 현지 교민이 교통사고로 사망했다. "이들은(선교팀) 8월 27일 필리핀 선교 현장에서 성령 축제 예배에 참석하기 위해 이동하다 참변을 당했다."라는 것이었다. 특히 더욱 가슴이 아픈 것은 한국 교회에서 영성과 세계 선교로 모범을 보였던 『꿈꾸는 교회』의 담임 목회자와 부목사 부부 모두가 사망자 명단에 포함된 것이었다.[31]

왜 필리핀 선교팀은 온두라스 선교팀이 경험한 특별한 보호를 경험하지 못했을까? 나는 필리핀 선교팀의 참상의 영적 원인을 규명코자 이런 질문을 던진 것은 결코 아니다. 나 역시 선교사로 사역하면서 선교지의 무단 침입자(?)로서 하나님의 초자연적 보호를 절실히 필요로 했다. 나는 또한 축귀 사역 등 영적 전쟁에 적극적으로 개입하면서 사탄의 역공에 민감할 수밖에 없었다. 특히, 현재까지 선교 및 목회 사역 때문에 23년 이상 부모와 떨어져 살았던 두 명의 자녀를 위한 초자연적 보호 역시 절실했다. 지나간 우리

삶에서 일어날 뻔했던 사건들이 많았지만, 하나님의 보호 은혜로 일어나지 않았다. 반면에 우리 삶에서 일어나지 않아야 할 일들이 어떤 이유인지 모르지만 일어났다. 나는 후자의 경우를 위해 그동안 내가 몸소 배웠던 초자연적 보호를 받을 수 있는 몇 가지 지혜를 나누고 싶다.

매 순간 깨어서 하나님의 보호를 경험하라

첫째, 하나님의 보호에 관한 생각의 틀(혹은 패러다임)을 바꾸라. 어떤 신자들은 그들을 위한 하나님의 보호가 자동적이라고 생각한다. 만약 어떤 신자가 도로 횡단 시 부주의하게 보행한다면, 조만간 사고의 참상을 겪게 될 것이다. 이처럼 일상적 보호가 자동적이 아니듯이, 영적 보호도 결코 자동적이 아니다. 하나님의 보호를 모든 신자가 같은 수준으로 누리고 있다고 어떤 신자들은 착각한다. 이는 마치 하나님의 사랑이 모든 신자에게 무조건적이라고 믿는 것과 같다. 그러나 그런 신자들에게 불편한 진실은 하나님의 사랑은 무조건적인 동시에 조건적이라는 것이다. 이와 마찬가지로 하나님의 보호 역시 모든 신자가 동일한 수준으로 누리는 것은 아니다. 예를 들면, 욥의 경우 하나님으로부터 특별한 보호를 경험했다. "주께서 그와 그 집과 그 모든 소유물을 산울로 두르심이 아니니이까 주께서 그 손으로 하는 바를 복되게 하사 그 소유물로 땅에 널리게 하셨음이니이다"(욥 1:10). 그래서 사탄은 욥과 그의 가족과 재산과 일터를 여러 번 공격했지만, 하나님의 특별한 보호 때문에 실패했다고 하나님께 아마도 불평했던 것 같다.

둘째, 사고의 징후에 주시하라. 하인리히의 법칙(Heinrich's Law)은 큰 재해와 작은 재해, 그리고 사소한 사고의 발생 비율이 1 : 29 : 300이라는 것이다. 큰 사고는 우연히 또는 어느 순간 갑작스럽게 발생하는 것이 아니라, 그 이전에 반드시 경미한 사고들이 반복되는 과정 속에서 발생한다는 것을 실증적으로 밝힌 것이다. 사소한 문제가 발생하였을 때 이를 면밀히 살펴 그 원인을 파악하고 잘못된 점을 시정하면 대형 사고나 실패를 방지할 수 있다. 그러나 징후가 있음에도 이를 무시하고 방치하면 돌이킬 수 없는 대형 사고로 번질 수 있다는 것을 경고한다. 이런 이유 때문에, 우리가 각종 사고나 재난, 또는 사회적·경제적·개인적 위기나 실패를 경험할 때, 우리는 사건 배후에 존재하는 자연적·영적 원인을 면밀히 살펴보아야 한다.

셋째, 하나님이 제공해주신 영적 무기를 사용하라. 하나님은 신자들이 특별한 보호를 경험할 수 있도록 영적 무기를 제공한다.

"영적 무장을 한 만큼 보호된다." 나는 신자가 사용해야 할 두 가지 영적 무기를 소개하고 싶다. 바로, 하나님의 전신 갑주와 예수님의 보혈이다.

1) 전신 갑주: 사도 바울은 사탄의 궤계와 불화살로부터 승리하기 위해 먼저 전신 갑주를 입으라고 권면한다. "마귀의 궤계를 능히 대적하기 위하여 하나님의 전신 갑주를 입으라 그러므로 하나님의 전신 갑주를 취하라 이는 악한 날에 너희가 능히 대적하고 모든 일을 행한 후에 서기 위함이라"(엡 6:11,13). 그는 전신 갑주의 구성 요소로 진리의 허리띠, 의의 흉배, 평안의 복음의 신, 믿음의 방패, 구원의 투구와 성령의 검을 소개한다(엡 6:13-17; 살전 5:8). 그는 또한 '빛의 갑옷'의 전신 갑주를 입으라고 권면한다(롬 13:12). 구약도 신자의 보호를 위한 전신 갑주에 대해 다음과 같이 언급한다. 불말과 불병거(왕하 6:17); 산울(욥 1:8-10); 의의 호심경(흉배)(사 59:17); 구원의 옷과 의의 겉옷(사 61:10); 불 성곽(슥 2:5); 생명싸개(삼상 25:29). 에드 머피(Ed Murphy)는 신자들을 위한 세 가지 수준의 보호를 소개한다. 즉 하나님의 산울타리(욥 1:8-10), 하나님의 천사들(시 34:7; 91:11-13; 히 1:14), 믿음의 방패(엡 6:16). 나는 전신 갑주를 통한 특별한 보호를 위해 다음과 같이 기도드린다.[32]

하나님 아버지, 나는 허리에는 진리의 허리띠를 띠고, 가슴에는 의의 흉배를 두르고, 다리에는 평안의 복음의 신을 신습니다.

또한 믿음의 방패를 한손에 들고, 머리에는 구원의 투구를 쓰고, 다른 한 손에 성령의 검을 듭니다. 전신 갑주에 구멍 난 부분 메워 주시고, 연약한 부분은 강하게 해주시며, 어두운 부분은 밝게 하여 주시고, 더러운 부분은 정결케 하여 주옵소서. 전신 갑주 속에 감사와 찬양과 겸손과 거룩의 예수 옷을 덧입습니다. 늘 우리를 정결케 하시고 보호해 주시는 예수님의 이름으로 기도합니다. 아멘.

2) 예수님의 보혈: 우리는 과거에 지은 모든 죄뿐만 아니라, 현재와 미래의 우리 죄까지도 용서해 주시는 예수님의 보혈이 필요하다. 그래서 우리 신자들은 찬송가 259장 제목과 같이 "어린 양의 피로 그대는 씻기어 졌는가(Are you (being) washed in the blood of the Lamb)?"라는 제목과 같이 과거형이 아닌 수동태 현재형으로 자문해 보아야 한다. 사도 요한 역시 보혈이 우리를 모든 죄에서 깨끗하게 하는 성화의 현재적 능력이라고 역설한다. "저가 빛 가운데 계신 것 같이 우리도 빛 가운데 행하면 우리가 서로 사귐이 있고 그 아들 예수의 피가 우리를 모든 죄에서 깨끗하게 하실 것이요(the blood of Jesus, his Son, purifies us from all sin)"(요일 1:7). 그는 또한 "예수의 보혈이 악한 영들을 물리치며 사탄을 이긴 능력"

이라고 설명한다. 또 "여러 형제가 어린 양의 피와 자기의 증거하는 말에 의하여 저를 이기었으니 그들은 죽기까지 자기 생명을 아끼지 아니하였도다."(계 12:11). 그러므로 나는 예수의 보혈을 통한 특별한 보호를 위해 다음과 같이 기도드린다.

하나님 아버지, 예수님의 보혈로 나의 과거, 현재, 미래의 모든 죄가 이미 용서된 것을 인해 감사드립니다. 이제 나는 하나님의 특별한 보호를 받고 영적 전쟁에서 승리하기 위해 예수님의 보혈의 능력을 의지합니다. 주님, 저의 머리부터 발끝까지, 생각, 의지, 마음 및 감정과 영혼 모두를 예수님의 피로 씻어 주시고, 덮어 주시고, 가려 주옵소서! 나를 위해 보혈을 흘려주신 예수님의 이름으로 기도합니다. 아멘.

넷째, 하나님의 다양한 방어와 보호의 방법을 수용하라. 예를 들면, 하나님은 신자들을 특별히 보호하기 위해 천사들을 사용하신다. "여호와의 사자가 주를 경외하는 자를 둘러 진 치고 저희를 건지시는도다"(시 34:7; 시 91:11-12 참조). 우리 신자들은 전술한 영적 무기 외에 자연적 처방을 통한 하나님의 보호도 수용해야 한다.[33]

예를 들면, 우리는 충분한 수면, 균형 잡힌 영양식, 적절한 운동, 그리고 휴식 및 여가 사용 등 다양한 자연적 처방을 활용해야 한다. 예수님도 하나님의 뜻을 따라 십자가에서 죽기 전에는 반대자들의 살해 위험을 자연적 방법으로 몸소 피하셨다. "바리새인들이 나가서 어떻게 하여 예수를 죽일꼬 의논하거늘 예수께서 아시고 거기를 떠나가시니(Aware of this, Jesus withdrew from that place)"(마 12:14-15; 막 3:6-7). 반면에 예수님은 절벽에서 떨어지는 위험에서 군중을 뚫고 나가는 하나님의 초자연적 보호를 경험했다. "회당에 있는 자들이 이것을 듣고 다 분이 가득하여 일어나 동네 밖으로 쫓아내어 그 동네가 건설된 산 낭떠러지까지 끌고 가서 밀쳐 내리치고자 하되 예수께서 저희 가운데로 지나서 가시니라(he walked right through the crowd and went on his way)"(눅 4:28-30).

영적 법칙에 따른 특별한 보호 기도를 드려라

본 장을 마무리하면서, 나는 신자들이 보호 기도를 할 때 영적 법칙을 따라 할 것을 권면하고 싶다. 나는 특별한 보호 기도를 위해 두 가지 법칙을 적용한다.

첫째, 법적(legalistic) 법칙. 하나님께서는 어떤 법칙에 따라 우리의 기도에 응답하신다는 것이다. 따라서 우리는 보호를 위한 기도를 할 때, 하나님의 자녀로서의 신자의 신분을 주장하며 자녀에게 제공해 주신 영적 무기로 무장하는 기도를 드려야 한다.

둘째, 문자적(literalistic) 법칙. 하나님께서는 우리가 기도한 것만큼 들어주신다는 것이다. 따라서 보호를 위한 기도를 할 때 최대한 구체적으로 조목조목 하는 것이 필요하다.

우리는 영적 보호에 특별히 신경을 쓰며 구체적으로 기도함으로써 하나님의 보호를 주장해야 한다. 예를 들면, 우리는 축귀 사역 전후에, 혹은 사단의 점령 지구에 침입할 때 특별한 보호 기도를 드려야 한다. 우리는 또한 병원, 건강 식품점, 사교 전문 서적센터, 타 종교 시설 및 사원, 외국 관광지 등을 방문할 때, 운전할 때, 혹은 호텔에 머물 때 등의 상황에서 특별한 보호를 주장할 필요가 있다.[34]

제3부

사명자로 끝을 잘 마무리하라

제 3부(제 9장)는 많은 기적을 몸소 체험한 능력 사역자들에게 끝을 잘 마치는 다른 기적을 향한 도전과 통찰력을 주기 위해 집필되었다.

내가 정독한 로버트 리아 돈(Robert Liardon)의 『치유 사역의 거장들(God's Generals)』[35]이란 책은 제 3부를 쓰는데 깊은 동기를 불러일으켰다. 왜냐하면 이 책은 책의 부제목과 같이 『치유 사역의 어떤 거장들은 왜 성공할 수 있었고 또 다른 거장들은 왜 실패했는가(Why They Succeeded and Why Some Failed)?』라는 중요한 질문에 대한 해답을 주기 때문이다. 사실상 이 책에 소개된 많은 치유 사역자들이 실패자로 생애를 마쳤다. 치유 사역의 거장들은 수많은 기적을 행함으로써 큰 전쟁(War)에서는 이겼다. 그러나 그들은 작은 전투(Battles)에서 패배함으로써 최후 승리의 정상을 점령하는 데는 실패했다.

따라서 나 자신 치유 사역자로 그들의 실패를 타산지석(他山之石)으로 삼아 끝을 잘 맺고 싶은 간절한 소원을 두고 제 3부를 저술했다. 관심있는 독자들은 상기한 책을 일독할 것을 권면한다.

# 제 9장

최후 승리를 향해 도전하라

'최후 승리'의 주인공이 되어라

신자들의 부활절 애창곡 『갈보리 산 위에』 후렴 "최후 승리(My Trophies at Last)를 얻기까지 주의 십자가 사랑하리 빛난 면류관 받기까지 험한 십자가 붙들겠네."[36] 라는 가사는 최후 승리의 결단을 고무시킨다. 찬송가는 또한 최후 승리 후에 신자들이 받을 상급을 상기시킨다. 요한계시록 2-3장에 기록된 일곱 교회에 보낸 편지는 승리자의 상급을 언급한다(계 2:7, 11, 17, 26, 3:5, 12, 21). 최후 승리는 성공의 중요한 척도이다. 구약 성경의 욥의 경우, 동방의 으뜸가는 의인이며 부자였다(욥 1:1-3). 그는 사탄의 공격을 받아 물질·자녀들·건강·관계·명성 등 거의 모든 것을 잃는 환난과 역경을 경험했다. 그러나 그는 마지막 승리와 성공을 경험했다. "욥이 그 벗들을 위하여 빌매 여호와께서 욥의 곤경을 돌이키시고 욥에게 그전 소유보다 갑절이나 주신지라. 여호와께서 욥의 모년에 복을 주사 처음 복보다 더 하게 하시니 그가 양 일만 사천과 약대 육천과 소 일천 겨리와 암나귀 일천을 두었고"(욥 42:10,12). 야고보 사도도 욥의 마지막 승리와 성공을 칭송했다. "보라 인내하는 자를 우리가 복되다 하나니 너희가 욥의 인내를 들었고 주께서 주신 결말을 보았거니와 주는 가장 자비하시고 긍휼히 여기시는 이시니라"(약 5:11).

성경은 인생을 잘 마치는 종말의 인생(the life's end)을 강조한다 (신 32:20,29; 시 39:4). 특히 성경은 영적 지도자의 마지막 삶이 따르는 자들의 본이 될 것을 권면한다. "하나님의 말씀을 너희에게 이르고 너희를 인도하던 자들을 생각하며 저희 행실의 종말을 주의하여 보고 저희 믿음을 본받으라"(히 13:7; 고전 11:1; 살전 1:6, 2:14 참조). 이런 의미에서, 인생에서 아홉 번 성공하고 마지막 열 번째에 실패하는 것보다, 아홉 번 실패했다 할지라도 마지막 열 번째에 성공하는 것이 훨씬 낫다. 이는 세간에 떠도는 말과 같이, 처음 직업보다 마지막 직업이 더욱 중요하기 때문이다. "끝이 좋으면 만사가 좋다."라는 영국의 작가 셰익스피어의 말처럼, 우리 인생에서는 시작보다 마지막이 더 중요하다.

유종(有終)의 미를 재촉하시는
하나님의 마음을 감지하라

인생의 시작이 수동적으로 주어진 것이라면, 인생의 마무리는 능동적으로 마무리해야 할 의무이자 특권이다. 인생의 마지막은 인생의 시작을 수정할 수 있는 하나님이 주신 절호의 기회이다. 그럼에도 불구하고 대부분의 인생은 실패자로 끝난다. 신자들의 경우도 그와 마찬가지다. 기독교 지도자들의 경우도 일반 신자들과 별 차이가 없다. 로버트 클린톤 박사(Robert Clinton; 풀러선교대학원 지도자론 교수)는 성경에서 삶과 사역을 잘 마친 성경의 지도자들은 불과 20%에 불과하다고 설명한다. 현대 기독교 지도자들은 불과 5%의 유종의 미를 거둔다는 실상은 더욱더 충격적이다.

실패한 영적 지도자들로부터 배우는
타산지석(他山之石)의 교훈

사도 바울은 다수의 이스라엘 백성들이 출애굽 과정에서 우상숭배, 간음, 하나님을 시험, 원망의 죄로 인해 광야에서 멸망받았다고 경고한다(고전 10:5-12). 따라서 우리는 실패한 다수의 신자로부터 배워야 한다. "저희에게 당한 이런 일이 거울이 되고 또한 말세를 만난 우리의 경계로 기록하였느니라. 그런즉 선 줄로 생각하는 자는 넘어질까 조심하라"(고전 10:11-12; 롬 15:4 참조). 이제 성경의 인물들을 통해 왜 그들이 실패했는가에 살펴보자.

노아와 다윗 왕은 방탕과 성적 범죄로 인해 실패했다(창 9:20-21). 이스라엘 백성과 모세는 불신앙 때문에 40년간의 고난의 광야 생활 후에도 가나안 땅에 들어갈 수가 없었다(민 20:8,11-12, 32:10-11). 하나님의 사사였던 기드온은 말년의 우상 숭배가 자신과 자신의 가족에 올무가 되었고, 이스라엘 백성들이 바알신을 섬기는 불순종의 백성으로 전락하게 했다. 그는 아내를 많이 두는 정욕적인 삶으로 인해 칠십 명의 아들들이 있었으나, 요담을 제외한 다른 모든 아들이 그의 아들 아비멜렉에게 살해당하는 참상을 경험했다(삿 8:27,30,33, 9:5; 신 17:17 및 잠 31:3 참조).

삼손 역시 하나님의 사사로서 블레셋으로부터 이스라엘을 구원하는 공을 세웠으나, 머리털을 자르지 않는 나실인의 서원을 파기함으로써 삶을 비참하게 마감했다(삿 13:7, 16:7,20-31). 엘리 제사장은 자녀 교육에 실패하여 두 명의 아들이 성전 제물의 탈취와 성적 범죄에 연루되어 엘리 자신과 아들들이 비극적 죽음을 맛보았다(삼상 2:12-36; 4:12-22). "당신의 두 아들 홉니와 비느하스도 죽임을 당하였고 하나님의 궤는 빼앗겼나이다. 하나님의 궤를 말할 때에 엘리가 자기 의자에서 자빠져 목이 부러져 죽었으니 나이 많고 비둔한 연고라 그가 이스라엘 사사가 된지 사십 년이었더라"(삼상 4:17-18). 사무엘은 자녀들을 이스라엘의 사사로 임명하였으나, 그들이 뇌물을 받고 불공정한 재판을 하는 죄에 연루되어 백성들의 원성을 듣게 되었다(삼상 8:1-5).

사도 바울은 소수의 사람들을 제외한 모든 동역자가 세상을 사랑하여 그를 떠났다고 한탄한다. "데마는 이 세상을 사랑하여 나를 버리고 데살로니가로 갔고 그레스게는 갈라디아로, 디도는 달마디아로 갔고 누가만 나와 함께 있느니라. …내가 처음 변명할 때에 나와 함께한 자가 하나도 없고 다 나를 버렸으나 저희에게 허물을 돌리지 않기를 원하노라"(딤후 4:10-11,16). 그는 돈과 쾌락과 자기 사랑의 유혹에서 벗어나라고 경고한다(딤전 6:10; 딤후 3:1-2). 사도 요한은 신자들이 육신의 정욕, 안목의 정욕, 그리고 이생의 자랑으로 가득 찬 세상을 사랑할 때, 하나님에 대한 사랑을 상실하게 된다고 경고한다(요일 2:15-17). 이것이야말로 다윗 왕이 밧세바와 간음죄를 범한 후 하나님의 임재와 성령의 기름 부으심을 상실한 경험과 같다(시 51:11).

축복의 통로와 최후의 승자가 되기 위한 네 가지 결단

"사람은 죽고 난 후에 5분만 지나면 한 생애 동안 잘 살았는지 못 살았는지 금방 평가받게 될 것이다." 이런 평가는 당사자 자신뿐만 아니라, 주위의 다른 사람들이 내리게 될 것이다. 리더십 분야 베스트셀러 미국 작가 로빈 샤르마(Robin S. Sarma)은 그의 저서, 『내가 죽을 때 누가 울어 줄까?』에서 천국 백성의 삶의 시작과 끝의 모습을 잘 묘사한다.

"애야, 네가 태어났을 때 너는 울음을 터뜨렸지만, 사람들은 기뻐했다. 네가 죽을 때에는 사람들은 울음을 터뜨렸지만 너는 기뻐할 수 있도록 살아야 한다."[37]

나는 축복의 통로로 한 생애를 잘 마치기 위해 그간 실행해 왔던 나 자신의 결단을 독자들과 함께 나누고 싶다.

❶ 성령이 시작과 마침의 주인공이 되게 하라.

사울 바울은 성령으로 시작했다가 육체로 끝마치려 하는 어리석은 갈라디아 교인들을 책망한다. "너희가 이같이 어리석으냐?

성령으로 시작하였다가 이제는 육체로 마치겠느냐? 너희에게 성령을 주시고 너희 가운데서 능력을 행하시는 이의 일이 율법의 행위에서냐 듣고 믿음에서냐"(갈 3:3,5). 찰스 스펄전 목사의 고백과 같이, 성령님의 역사 없이는 죄악과의 전쟁에서 승리할 수 없다. "성령께서 단 5분만이라도 나를 떠나시면 사탄은 나를 죄의 공장으로 만들어 버릴 것이다." 더 나아가서, 우리는 예수님과 같이 하나님의 능력과 성령의 기름 부으심으로 축귀 사역과 같은 능력 사역에 현재적으로 참여해야 한다. "하나님이 나사렛 예수에게 성령과 능력을 기름 붓듯 하셨으매 저가 두루 다니시며 착한 일을 행하시고 마귀에게 눌린 모든 자를 고치셨으니 이는 하나님이 함께 하셨음이라"(행 10:38). 이는 성령파(혹은 은사파) 기독교인을 방언의 유무보다는 현재 능력 사역에 참여하는가를 더 중요시하는 성령의 제 3의 물결 지도자 존 웜버 목사의 통찰력과 맥을 같이한다.

❷ 정상에 이르기 위한 훈련의 준비와 대가를 지불하라.

전천후 성공과 승리를 위한 한 가지 법칙이 있다면, 그것은 "심은 대로 거둔다."라는 추수의 법칙이다(욥 4:8; 갈 6:7-9). "고통 없는 이득은 없다(No Pain, No Gain)." "십자가 없는 면류관은 없다(No

Cross, No Crown)"라는 말들 역시 같은 의미이다. 연속적인 실패 속에서 칠전팔기(七顚八起)의 투지로 결국 미국 대통령이 된 에이브러햄 링컨은 자신의 성공 철학을 이렇게 천명한다. "나는 준비할 것이며, 그럼 언젠가 나에게 기회가 올 것이다(I will prepare, and some day my chance will come)." 과연 무엇을 어떻게 준비할 것인가?

최후 승리자는 먼저 시험과 시련이 올 것을 대비해야 한다. 시험이 유혹(temptation)과 같은 내면적이라면, 시련(trial/test)은 외면적이다. "눈물 젖은 빵을 먹지 않고서는 인생을 논하지 말라."는 괴테의 말처럼, 최후 승리자들은 연속적인 시련을 경험했다. 최후 승리자인 요셉 역시 그가 애굽 총리가 되기 전에 구덩이, 경호 대장 보디발의 집, 감옥을 거쳐 궁전에 들어갈 수 있었다. 요셉의 인생은 'ㄱ'자 인생인데,[38] 그는 이 모든 것을 자신이 원하지도 선택하지도 않는 시련 후에 자신의 꿈을 이루는 발판인 애굽 왕의 궁전에 들어갈 수 있었다.

시각 및 청각 중복 장애인 헬렌 켈러 역시 자신의 삶을 통해 "오직 시련과 고난의 경험을 통해 우리는 강해지고 우리의 비전이 더욱 분명하게 되며, 우리의 목표가 이루어진다."라고 강변한다. 따라서 사도 야고보의 권면과 같이, 우리는 "여러 가지 시련을 만날 때 온전히 기쁘게 여겨야 한다. 이는 믿음의 시련이 온전한 인내를 만들어 우리를 최후 승리자가 되도록 훈련시키기 때문이다"(약 1:2-4). 우리는 인내의 훈련을 감수해야 한다(욥 23:10; 히 10:36, 3:14). 만 시간 (혹은 10년) 법칙이 있다. 한 분야에 만 시간 즉, 매일 3시간을 십 년 동안 투자하면 전문가가 된다는 것이다. 혼다 나오유키는 그의 저서 『레버리지 씽킹』에서 훈련의 중요성을 강조한다. "프로 운동선수들은 자기 시간 중 20%를 시합에, 80%를 훈련에 투자한다. 한 조사에 의하면 대부분 직장인은 자기 시간의 99%를 일에, 1%를 자기 계발에 투자한다. 운동선수로 치자면 거의 연습도 하지 않고, 시합에 임하는 것과 마찬가지다."

당신 삶의 스타일은 프로선수인가 아니면 직장인인가? 최후 승리자가 되기 위해서는 하나님과 친밀한 교제를 갖는 기본 영성을 관리해야 한다. 끝을 잘 맺은 모세 역시 죽기 전까지 하나님과 친밀한 교제를 가졌다. "그 후에는 이스라엘에 모세와 같은 선지자가 일어나지 못하였나니 모세는 여호와께서 대면하여 아시던 자요"(신 34:10; 출 33:11). 사도 바울 역시 절제와 훈련으로 점철된 '목적 지향적 영성 관리'를 유지하였다. 자신의 철저한 영성 관리 때문에 사도 바울은 죽음을 앞두고 "선한 싸움을 싸우고 나의 달려갈 길을 마치고 믿음을 지켰으니 이제 후로는 나를 위하여 의의 면류관이 예비되었다."라고 담대하게 고백할 수 있었다(딤후 4:7-8).

❸ 자신의 사명을 알고 사명 완수에 올인하라.

사명이란 "하나님께서 나에게만 하라고 맡기신 일"을 수행하는 것이다. 예수님은 자신의 사명을 알고 순종했기 때문에 하나님을 영화롭게 할 수 있었다. "아버지께서 내게 하라고 주신 일을 내가 이루어 아버지를 이 세상에서 영화롭게 하였사오니"(요 17:4). 예수님의 사명은 인류의 구원을 위해 십자가에서 죽는 것과 12명의 제자를 훈련하는 것이었다. 이런 의미에서 사명을 서구권에서는 "구속적 은사(redemptive gift(s)"라고 부른다. 사도 바울의 말씀에 의하면, 사명은 자신의 목숨과 바꿀 수 있는 일이다. "나의 달려갈 길과 주 예수께 받은 사명 곧 하나님의 은혜의 복음 증거하는 일을 마치려 함에는 나의 생명을 조금도 귀한 것으로 여기지 아니하노라"(행 20:24). 칼 힐티(Carl Hilty)의 명언과 같이, "인간 생애의 최고의 날은 자기 인생의 사명을 발견하는 날이다." 따라서 최후 승리자들은 모두 자신의 사명을 발견한, '자기 생애 최고의 날'을 만끽한 사람들이다.

불광불급(不狂不及)이라는 말이 있듯이, 사명자는 자신의 사명에 미치지 않고서는 최후에 사명을 완성하는 정상에 도달할 수 없다. 모세는 이스라엘 백성을 애굽에서 해방시키는 사명을 부여받은 자로서, 참으로 사명에 미친 자였다. 그래서 자신의 사명을 위해 모든 것을 포기할 수 있었다. "믿음으로 모세는 장성하여 바로의 공주의 아들이라 칭함을 거절하고 도리어 하나님의 백성과 함께 고난 받기를 잠시 죄악의 낙을 누리는 것보다 더 좋아하고 그리스도를 위하여 받는 능욕을 애굽의 모든 보화보다 더 큰 재물로 여겼으니 이는 상주심을 바라봄이라"(히 10:24-26). 모세는 자신의 모든 재산을 팔아 보화가 묻혀 있는 밭을 산 천국 백성의 전형적 삶을 살았다. "천국은 마치 밭에 감추인 보화와 같으니 사람이 이를 발견한 후 숨겨 두고 기뻐하여 돌아가서 자기의 소유를 다 팔아 그 밭을 샀느니라"(마 13:44).

모세는 또한 "능력에 맞는 사명이 아니라, 사명에 맞는 능력을 구했다."(출 3:1-14, 4:1-9, 17, 28). 그래서 모세는 사명을 감당하기 위해 어느 누구보다도 이적과 기사와 큰 권능과 위엄을 가장 많이 행했다. "주님께서는 그를 이집트의 바로와 그의 모든 신하와 그의 온 땅에 보내셔서, 놀라운 기적(miraculous signs)과 기이한 일(miraculous wonders)을 하게 하셨다. 온 이스라엘 백성이 보는 앞에서, 모세가 한 것처럼, 큰 권능(the mighty power)을 보이면서 놀라운 일(the awesome deeds)을 한 사람은 다시 없다"(신 34:11-12). 모세는 하나님의 능력으로 사명을 감당하면서 초자연적 강건함을 경험했다. "모세가 죽을 때에 나이가 백스무 살이었으나, 그의 눈은 빛을 잃지 않았고, 기력은 정정하였다"(신 34:7). 모세는 자신의 사명이 끝나면서 자신의 죽음을 예감했다(신 34:1-6). 최후 승리자는 사명을 감당하기 전까지 하나님이 사명자의 생명을 보존해 주실 것이라는 확신을 갖고 있었다. 리빙스턴 선교사는 "사람은 자기가 해야 할 사명이 있는 때까지는 죽지 않는다."라는 동일한 확신을 가졌다.

사명자에게는 사명의 완성은 죽음의 시작이다. 갈렙 역시 하나님의 능력으로 사명을 감당하면서 초자연적 강건함을 경험했다. "모세가 나를 보내던 날과 같이 오늘날 오히려 강건하니 나의 힘이 그때나 이제나 일반이라 싸움에나 출입에 감당할 수 있사온즉"(수 14:11). 모세와 마찬가지로, 갈렙은 자신에게 주신 사명 때문에 사명을 마칠 때까지 하나님께서 자신의 수명을 연장시켜 주실 것을 확신했다. "이제 보소서 여호와께서 이 말씀을 모세에게 이르신 때로부터 이스라엘이 광야에 행한 이 사십 오년 동안을 여호와께서 말씀하신 대로 나를 생존케 하셨나이다.…"(수 14:10). 사도 바울 역시 사명자로서 동일한 확신을 갖고 있었다. "나의 속한바 곧 나의 섬기는 하나님의 사자가 어제 밤에 내 곁에 서서 말하되 바울아 두려워 말라 네가 가이사 앞에 서야 하겠고 또 하나님께서 너와 함께 행선하는 자를 다 네게 주셨다 하였으니"(행 27:23-24). "내가 이 복음을 위하여 반포자와 사도와 교사로 세우심을 입었노라. 이를 인하여 내가 또 이 고난을 받되 부끄러워하지 아니함은 나의 의뢰한 자를 내가 알고 또한 나의 의탁한 것을 그 날까지 저가 능히 지키실 줄을 확신함이라"(딤후 1:11-12).

❹ 영적 후계자[39]를 재생산하라.

누구도 하나님이 주신 사명을 자신의 생애 기간 다 완성할 수 없다. 최후 승리자는 이런 진리를 잘 알고 있다. 반면에 최후 실패자는 자신만이 이 일을 감당할 수 있다고 과신한다. 이런 사람들은 자신의 성공과 성취에 도취되어 자신도 모르는 사이에 자기 전능화의 덫에 빠지게 된다. 모세는 자신이 '이스라엘 백성을 가나안에 인도하는' 사명의 최종 완성자가 아님을 익히 알고 있었다. 그래서 그는 평소에 잘 훈련받으며 준비해온 여호수아에게 사명을 위임했다. "모세가 눈의 아들 여호수아에게 안수하였으므로 그에게 지혜의 신이 충만하니 이스라엘 자손이 여호와께서 모세에게 명하신 대로 여호수아의 말을 순종하였더라"(신 34:9).

모세가 여호수아를 발탁한 것은 실로 파격적이다. 왜냐하면 여호수아는 모세와 비교하면, 그리고 다른 사람들이나 세상적인 기준에 비추어 보면 그의 자격은 부족하기 짝이 없었다. 요즘 신세대의 언어를 빌리자면, 여호수아의 스펙은 단 두 줄 뿐이다: 눈의 아들과 모세의 종. 그럼에도 불구하고 왜 모세는 여호수아를 택했을까? 여호수아는 모세가 가나안 땅을 탐지하기 보낸 12명의 정탐꾼 중 한 명이었다. 10명의 정탐꾼이 절망적이고 불신의 보고를 했고, 이스라엘 백성들도 그들의 부정적 보고에 동요되기 시작했다(민 13:28-29, 31-33, 14:1-5). 그러나 여호수아와 갈렙은 다수의 위협적 분위기에 굴복하지 않고 희망적이고 확신의 전투적 믿음을 천명한다. "여호와께서 우리를 기뻐하시면 우리를 그 땅으로 인도하여 들이시고 그 땅을 우리에게 주시리라 이는 과연 젖과 꿀이 흐르는 땅이니라. 오직 여호와를 거역하지 말라 또 그 땅 백성을 두려워하지 말라 그들은 우리 밥이라 그들의 보호자는 그들에게서 떠났고 여호와는 우리와 함께 하시느니라 그들을 두려워 말라 하나"(민 14:8-9; 14:30). 모세는 여호수아가 갈렙과 같이 확신과 전적 헌신의 사람이었기 때문에 아마도 그를 주저함이 없이 선택했을 것이다(수 14:7-9,14). 왜냐하면 "여호와의 눈은 온 땅을 두루 감찰

하사 전심으로 자기에게 향하는 자를 위하여 능력을 베풀어 주시기 때문이다"(대하 16:9).

사도 바울도 디모데후서 2장 2절에서 영적 네 세대를 소개한다: 사도 바울 - 디모데 - 충성된 사람 - 다른 사람. 아마도 여호수아는 모세의 눈에 '충성된 사람'으로 인정을 받았을 것이다. 상도(商道)에 의하면, 제일 못하는 장사는 돈만 남기는 것이다. 보통 장사는 가게를 남기는 것이다. 반면에 최고의 장사는 '사람을 남기는 것'이다. 리 아이아코카(Lee Iacocca) 역시 이런 진리를 잘 대변해 준다.

"궁극적으로 모든 사업 활동은 세 가지로 압축될 수 있다. 사람, 제품, 그리고 이익이다. 이 중에서 사람이 제일 중요하다. 만약 훌륭한 인재를 얻지 못한다면 나머지 둘로 큰일을 할 수 없다."

인도에 가면 보리수나무가 있다. 보리수와 바나나 나무를 비교해 볼 수 있는데, 보리수는 뿌리가 뻗어나가면서 옆의 나무들까지 죽인다. 그런데 바나나 나무는 뿌리가 옆으로 계속 뻗어나가면서 다른 바나나 나무들을 자라게 해서 바나나 열매를 맺게 만든다. 최후 승리자는 바나나 나무와 같이 계속해서 지도자를 만들어 가고, 다른 사람을 키워가는 사람이다.

나가는 말

체험과 실행이 능력이다

"써야 돈이다.", "먹어야 음식이다."라는 말과 같이, 기적은 체험되어야 한다. 왜냐하면 기적은 배우기보다는 체험함으로써 사로잡혀야 하기 때문이다("Miracle is better caught than taught.") 기적 체험을 위한 네 가지 단계가 있다 1) 지적 수준; 2) 관찰 수준; 3) 체험 수준; 4) 사역 수준.

나는 일 단계 지적 수준의 '기적이 상식이 되는 삶'을 위해 독자들에게 기적에 대한 고정 관념에서 탈피할 것을 조언하였다. 나는 독자들의 생각의 틀 변화를 통해 여러분들 주위에서 일어나는 하나님의 초자연적 개입을 감지하기를 바란다. 그러나 독자들이 기적 체험의 삼 단계 및 사 단계로 업그레이드 되기를 소원한다. 나는 여러분들이 "기적이 현재도 존재한다."라는 피상적 수준에서 떠나, 기적을 실제로 체험하기를 소원한다. 더 나아가서, 나는 여러분들이 능력 전도, 치유 사역, 축귀 사역 및 중보 기도 사역 등의 기적 사역(Miracle Ministry)에 참여하기를 소원한다. 따라서 이 책을 마무리하면서 여러분들에게 마지막으로 일곱 가지 권면을 나누고 싶다.

1. 하나님의 기적을 사모하는 동기를 지속적으로 부여받으라

"말을 물가로 데리고 갈 수는 있어도 마시게 하지는 못한다."라는 속담이 있다. 그러나 "말은 배고프지 않으면 물을 마시지 않는다."라는 신조어가 있다. 즉 간절한 굶주림의 동기가 없으면 기적을 체험하기가 어렵다. 나는 성경에 꽉 찬 기적을 믿음으로 수용하고 기적의 하나님을 묵상하기를 바란다. 또한 독자들이 영적 시야를 넓혀서 하나님의 기적적 역사를 관찰하고 하나님께 감사하기를 권면한다. 따라서 독자들이 기적에 관한 간증 및 책들을 많이 읽기를 바란다.

2. 작은 기적에 감사하고 더 큰 기적을 구하라

다윗은 블레셋의 골리앗을 죽이기 전 목동 시절에 사자와 곰의 발톱에서 구원받는 하나님의 기적을 체험했다. "또 가로되 여호와께서 나를 사자의 발톱과 곰의 발톱에서 건져내셨은즉 나를 이 블레셋 사람의 손에서도 건져내시리이다. 사울이 다윗에게 이르되 가라 여호와께서 너와 함께 계시기를 원하노라"(삼상 17:37). 엘리야 선지자도 큰비의 기적 전에 손만 한 작은 구름의 기적을 체험했다(왕상 18:44; 삼상 17:1; 약 5:17-18 참조). 우리는 작은 기적을 소중히 여기고 작은 것에 충실해야 한다(슥 4:10; 눅 16:10-12). 그리하면 우리는 언젠가 작은 기적에서 출발한 큰 기적을 체험하게 될 것이다. 누가는 바울이 자신의 손수건이나 앞치마로 치유한 사건을 큰 기적 즉 "희한한(놀라운; extraordinary/unusual) 기적"으로 설명했다(행 19:11). 누가는 "보통(ordinary/usual) 기적"을 염두에 두고 이 말씀을 기록한 것 같다. 여러분들이 기적을 많이 체험하면 할수록 큰 혹은 특별 기적은 어느새 작은 혹은 보통 기적이 되고 만다. 그리고 또 다른 크고 특별한 기적을 사모하게 되고 체험하게 될 것이다.

3. 능력 행함의 은사를 사모하라

왜냐하면 기적은 능력 행함의 은사를 가진 자들로부터 많이 나타나기 때문이다(고전 12:11,29). 나는 독자들이 능력 행함의 은사

외에 성령의 여덟 가지 능력 은사(power gift)도 골고루 구할 것을 권면한다(고전 12:4-11, 31, 14:1). 왜냐하면 기적 사역을 위해 모든 은사가 필요하기 때문이다. 성경에서 가장 보편적인 기적은 치유이기 때문에 치유 은사를 구해야 한다. 이는 큰 치유 기적은 능력 행함 은사의 하부 계열에 속하기 때문이다. 능력 행함의 은사 이전에 수반되는 믿음과 지식의 말씀의 은사도 구해야 한다. 더 나아가서 자신이나 타인의 초자연적인 역사를 분별하기 위한 영분별의 은사를 구해야 한다.

4. 기적 사역을 위해 적절한 훈련을 받아라

우리 교회에서 은사가 있는 사역자들은 지적 훈련을 포함한 여러 가지 종류의 훈련을 등한시하는 경향이 있다. 그러나 이것은 세상의 재능있는 사람들과는 전혀 다른 그림이다. 만약 은사자들이 좋은 멘토를 만나 적절한 훈련을 받는다면, 그들은 더욱 효과적으로 사용받을 수 있다. 더 나아가서 자신들이 훈련받은 것처럼 다른 사역자들을 훈련시킬 수 있다. 훈련 과정이야말로, 끊임없이 배우고 실습하는 과정이다. 이런 진리를 축귀 사역 분야의 세계적 권위자 찰스 크래프트 박사에게서 배운다. "일단 이와 같은 일을 시작하였을 때 가장 나를 놀라게 한 것은 더 배워야 하고 실습해야 할 필요성이 있다."라는 것이다.

"나는 사람들이 치유의 은사를 단번에 받는 것으로 여겼었다. 그러나 내가 경험한 바에 의하면 그것은 끊임없이 실습하면서 실패도 하는 가운데 점차적으로 배우는 과정이 요구된다는 것이다. '나도 과연 저토록 자연스럽고 확신에 차서 귀신을 쫓을 수 있을까?'라는 질문을 던지곤 했다. 그러나 많은 실습을 하고 난 후에 나의 대답은 '물론이다'였다."[40] 더 나아가서, 엘리야와 엘리사와 같은 사제(師弟) 관계에서 능력 전수가 필요하다. "건너매 엘리야가 엘리사에게 이르되 나를 네게서 취하시기 전에 내가 네게 어떻게 할 것을 구하라 엘리사가 가로되 당신의 영감이 갑절이나 내게 있기를 구하나이다. 가로되 네가 어려운 일을 구하는도다 그러나 나를 네게서 취하시는 것을 네가 보면 그 일이 네게 이루려니와 그렇지 않으면 이루지 아니하리라 하고"(왕하 2:9-10). 사도 바울은 영적 제자인 디모데에게 안수를 통해 은사 및 능력 전수가 이루어졌음을 상기시킨다. "네 속에 있는 은사 곧 장로의 회에서 안수 받을 때에 예언으로 말미암아 받은 것을 조심 없이 말며"(딤전 4:14). "그러므로 내가 나의 안수함으로 네 속에 있는 하나님의 은사를 다시 불일듯 하게 하기 위하여 너로 생각하게 하노니"(딤후 1:6).

5. 인간의 힘으론 불가능해 보이는 일을 추진하라

이 세상에서 신자·비신자를 막론하고 문제없이 살아가거나 하나님의 일을 할 수 있는 사람은 아무도 없다. 불가능한 일을 계획하고 추진하는 것은 우리가 스스로 문제를 만드는 것이다. 예를 들면, 조지 뮬러는 수중에 2실링(50센트, 약 600원)밖에 없었으나, 믿음으로 보육원 사역을 시작했다. 그는 1898년 3월 10일 별세할 때까지 60년 동안 수천 명의 고아를 한 끼도 굶게 한 적이 없다고 고백했다. 그가 세상을 떠날 때 150만 파운드(750만 달러, 약 90억 원)가 모금되어 보육원을 위해 사용되었다고 한다.

인간의 끝은 하나님의 시작이다. 즉 기적은 인간의 불가능에서 시작한다. 기적의 씨앗은 하나님이 원하시나 인간의 힘으로는 불가능한 일에서 자라기 시작한다. 하나님이 원하시는 일을 알기 위해서는 지금 하나님께 기도하라. "예레미야가 아직 시위대 뜰에 갇혔을 때에 여호와의 말씀이 그에게 다시 임하니라 가라사대 일을 행하는 여호와, 그것을 지어 성취하는 여호와, 그 이름을 여호와라 하는 자가 이같이 이르노라. 너는 내게 부르짖으라 내가 네게 응답하겠고 네가 알지 못하는 크고 비밀한 일을 네게 보이리라"(렘 33:1-3; 요 5:19-20 참조).

6. 자족의 기적을 경험하라

사도 바울은 감옥 안에서 감옥 밖에 있는 신자들에게 "항상 기뻐하라"라고 권면한다(빌 4:4). 그는 또한 "범사에 감사하라"고 권면한다(살전 5:18). 과연 사도 바울의 삶과 선교 사역에 "항상 기뻐하고 범사에 감사할 일만 일어났는가?" 대답은 "결코 아니다"이다. 사도 바울은 어떤 사도보다도 고난과 환란을 많이 경험하였다(고후 11:23-33; 딤후 3:11-12). 그럼에도 불구하고 그는 역경의 환경을 이기는 기적을 경험했다. 그 비결은 바로 자족의 영성이다. "내가 궁핍하므로 말하는 것이 아니라 어떠한 형편에든지 내가 자족하기를 배웠노니 내가 비천에 처할 줄도 알고 풍부에 처할 줄도 알아 모든 일에 배부르며 배고픔과 풍부와 궁핍에도 일체의 비결을 배웠노라"(빌 4:11-12).

따라서 우리는 많은 신자가 애용하지만 잘못 이해하는 빌립보서 4장 13절, "내게 능력 주시는 자 안에서 내가 모든 것을 할 수 있느니라"의 말씀을 올바르게 이해하고 적용해야 한다. 즉 본문의 말씀은 "모든 것을 할 수 있다(I Can Do All Things)"의 능동적 기적(active miracle)이 아닌, "모든 것에 만족할 수 있다(I Can Be Content in All Situations)"의 수동적 기적(passive miracle)을 의미한다.

이런 영성의 대표적 소유자는 욥이었다. 욥은 모든 것을 잃고서도 하나님의 주권을 인정했다. "가로되 내가 모태에서 적신이 나왔사온즉 또한 적신이 그리로 돌아 가올찌라 주신 자도 여호와시요 취하신 자도 여호와시오니 여호와의 이름이 찬송을 받으실찌니이다 하고 이 모든 일에 욥이 범죄하지 아니하고 하나님을 향하여 어리석게 원망하지 아니하니라"(욥 1:21-22). 하박국 선지자도 "무성치 못하며 …열매가 없으며 …소출이 없으며 …식물이 없으며 …양이 없으며 …소가 없다."라는 최악의 상황에서도 꽃피우는 자족의 영성을 노래한다. "나는 여호와를 인하여 즐거워하며 나의 구원의 하나님을 인하여 기뻐하리로다"(합 3:16-17).

히브리서 기자도 히브리서 11장에서 믿음의 영웅들의 예를 들어 "능동적 기적"과 "수동적 기적"을 균형 있게 설파한다. 히브리서 11장 1-34절 말씀이 "능동적 기적"을 경험한 영웅들의 승전가라면, 11장 35-40절의 말씀은 "수동적 기적"을 경험하면서 패배한 것 같은 영웅들의 승전가이다. "내가 무슨 말을 더 하리요 기드온, 바락, 삼손, 입다와 다윗과 사무엘과 및 선지자들의 일을 말하려면 내게 시간이 부족하리로다. 저희가 믿음으로 나라들을 이기기도 하며 의를 행하기도 하며 약속을 받기도 하며 사자들의 입을 막기도 하며 불의 세력을 멸하기도 하며 칼날을 피하기도 하며 연약한 가운데서 강하게 되기도 하며 전쟁에 용맹되어 이방 사람들의 진을 물리치기도 하며" vs. "여자들은 자기의 죽은 자를 부활로 받기도 하며 또 어떤 이들은 더 좋은 부활을 얻고자 하여 악형을 받되 구차히 면하지 아니하였으며 또 어떤 이들은 희롱과 채찍질 뿐 아니라 결박과 옥에 갇히는 시험도 받았으며 돌로 치는 것과 톱으로 켜는 것과 시험과 칼에 죽는 것을 당하고 양과 염소의 가죽을 입고 유리하여 궁핍과 환난과 학대를 받았으니 (이런 사람은 세상이 감당치 못하도다) 저희가 광야와 산중과 암혈과 토굴에 유리하였느니라"(히 11:32-34 vs. 히 11:35-40).

따라서 기적의 최후 승리자들은 자아 중심의 "승리주의(triumphalism)"의 덫에 빠져서는 안 되고, 오히려 하나님 중심의 '섭리주의(providence)'에 자신 및 모든 환경을 굴복시켜야 한다. 따라서 기적의 최후 승리자들은 기적이 "지금", "이 장소에서", "나를 통해서", "내 방법으로"가 아닌, "하나님의 때에", "다른 장소에서", "다른 사람들을 통해서도", "하나님의 방법으로" 얼마든지 이루어질 수 있다는 겸손의 영성을 견지해야만 한다.

7. 기적을 잘 마무리하라

기적의 시혜자(者施惠)와 수혜자(受惠者)를 구분하여 살펴보자. 먼저 성경에서 기적 수혜자의 사례를 연구해 보자. 구약의 히스기야 왕은 죽을병에 걸렸다(왕하 20:1상; 사 38:1; 대하 32:24). 그러나 그는 자신의 죽음을 운명으로 받아들이지 않고 기도해서 15년 동안 수명이 연장되는 기적을 경험했다(왕하 20:6). 그러나 그가 자신의 부와 영광과 성취로 마음이 교만해져서(대하 32:25), 바벨론 왕의 사절들에게 보물고와 무기고를 다 보여 주었다(대하 32:31; 왕하 20:12-15; 사 39:1-2). 그 결과로 하나님은 히스기야를 떠났고(대하 32:31), 하나님의 진노가 왕궁과 백성들과 그의 자손들에게 임했다(왕하 20: 17; 사 39:5-7; 사 39:8). "히스기야가 마음이 교만하여 그 받은 은혜를 보답지 아니하므로 진노가 저와 유다와 예루살렘에 임하게 되었더니"(대하 32:25). 신약은 예수님이 열 명의 문둥병자가 치유한 사건을 기록한다(눅 17:11-19). 그런데, 아홉 명의 이스라엘 문둥병자는 예수님께 돌아와 하나님께 영광을 돌리지 않았다. 그래서 예수님은 돌아와서 하나님께 영광을 돌린 단 한 명의 사마리아인 문둥병자에게 "열 사람이 다 깨끗함을 받지 아니하였느냐 그 아홉은 어디 있느냐?"라고 하시면서 아홉 명의 믿음의 변절자에 대해 한탄하셨다(눅 17:17-18). 예수님은 사마리아인에게 "일어나가라 네 믿음이 너를 구원(치유)하였느니라(Your faith has made you well)."라고 축복의 말씀을 하셨다. 왜냐하면 본문의 동사 시제가 현재 완료형(has made)이기 때문이다. 아마도 사마리아인은 다른 아홉 명의 문둥병자가 경험하지 못한 더 '온전한 치유'를 받은 것 같다.

예수님에 의해 소경에서 치유받은 바디메오도 치유의 기적을 경험한 후 길에서 예수님을 따랐다(막 10:52). 기적 수혜자들은 감사와 헌신의 삶을 살아감으로써 하나님의 기적에 보답해야 한다. 예를 들면, 예수님은 치유받은 문둥병자에게 제사장에게 가서 모세가 명한 예물을 드리라고 말씀했다(마 8:3-4; 눅 5:14). 레위기 14장 10절 말씀은 치유받은 문둥병자가 드릴 예물을 구체적으로 제시한다. "제 팔일에 그는 흠 없는 어린 수양 둘과 일 년 된 흠 없는 어린 암양 하나와 또 고운 가루 에바 십분 삼에 기름 섞은 소제물과 기름 한 록을 취할 것이요."

그런데 수십 년 동안의 치유 사역 경험에서 보면, 엄청난 치유 기적을 경험한 후 감사 예물을 전혀 하지 않거나 감사에 인색한 환자들을 더러 보아왔다. 나는 치유 기적의 수혜자들이 하나님의 은혜에 깊이 감사하기 위해서는 질병의 재발 방지를 위해 힘써 예물을 드릴 것을 권면한다. 왜냐하면 "하나님께 감사하는 마음으로 제물을 바치는 사람이 하나님에게 영광을 돌리는 사람이고, 그렇게 올바른 길을 걷는 사람에게 하나님의 구원을 보여주는" 축복을 받기 때문이다(시 50:23). 이런 감사를 드리는 신자들은 스펄전 목사가 언급한 더 큰 축복을 경험하게 될 것이다. "별을 보고 감사하는 자는 달을 보고 감사하게 될 것이다. 달을 보고 감사하는 자는 해를 보고 감사하는 자가 될 것이다."

이제 기적의 시혜자(者施惠)에 대해 살펴보자. 우리는 편의상 기적의 시혜자라고 부르지만, 기적의 주연이 아닌, 조연에 불과하다. 왜냐하면 기적의 시혜자는 하나님이시기 때문이다. 우리는 기적의 원천이 아닌, 통로에 불과하다. 그럼에도 불구하고 하나님은 기적을 일으키기 위해 우리를 동역자로 종종 사용하신다. 사도행전에서 베드로와 요한이 나면서부터 앉은뱅이가 된 사람을 치유하였을 때, 그들에게 군중들이 몰려오기 시작했다(행 5:10-11). 이때 베드로의 반응을 주목해 보라. "베드로가 이것을 보고 백성에게 말하되 이스라엘 사람들아 이 일을 왜 기이히 여기느냐 우리 개인의 권능과 경건으로 이 사람을 걷게 한 것처럼 왜 우리를 주목하느냐? 그 이름을 믿으므로 그 이름이 너희 보고 아는 이 사람을 성하게 하였나니 예수로 말미암아 난 믿음이 너희 모든 사람 앞에서 이같이 완전히 낫게 하였느니라"(행 5:12,16).

사람들은 일반적으로 기적이 일어날 때 기적 시혜자의 권능과 경건에 공을 돌리는 경향이 있다. 그러나 베드로는 치유 기적을 온전히 예수님께 영광을 돌렸다. 이는 베드로와 요한이 이 환자에게 안수하였지만, 그들은 치유의 기적이 예수님이 직접 손을 환자에게 내밀어 예수의 이름으로 이루어졌다고 믿었기 때문이다. "손을 내밀어 병을 낫게 하옵시고 표적과 기사가 거룩한 종 예수의 이름으로 이루어지게 하옵소서 하더라(Stretch out your hand to heal and perform miraculous signs and wonders through the name of your holy servant Jesus)"(행 4:30). 사도행전은 바울이 루스드라의 앉은뱅이를 치유한 기적을 기록한다(행 14:8-18). 이런 기적을 목격한 군중들이 바울과 바나바를 헤메와 쓰스의 신으로 각각 추앙한다. 이에 대해 바울과 바나바는 이런 추앙을 강하게 부정하며(행 14:14), 보편적 복의 근원되신 하나님께 영광을 돌린다(14:16-17). 우리가 기적의 통로로 쓰임 받는다 할찌라도 이 모든 것을 개인의 권능이나 경건이 아닌 하나님의 은혜로 여겨 하나님께 영광을 돌려야 한다(고전 15:9-10 참조).

살아온 기적, 살아갈 기적

'살아온 기적, 살아갈 기적'은 평생 소아마비 장애자뿐만 아니라, 유방암, 척추암, 간암 등으로 2000년부터 9년 동안 싸우다, 2009년 5월 9일에 향년 56세로 소천한 고 장영희 교수(서강대학교)의 유작 제목이다. 그가 세상을 떠난 바로 다음 날 그 책이 출판되었다. 그 책에서 그는 그렇게 노래한다. "맞다. 지난 3년간 내가 살아온 나날은 어쩌면 기적인지도 모른다. 힘들어서, 아파서, 너무 짐이 무거워서 어떻게 살까? 늘 노심초사했고 고통의 나날이 끝나지 않을 것 같았는데, 결국은 하루하루를 성실하게, 열심히 살며 잘 이겨냈다. 그리고 이제 그런 내공의 힘으로 더욱 아름다운 기적을 만들어 갈 것이다."

그동안 우리는 모두 '오늘 여기까지 도와주신 에벤에셀 하나님의 은혜로 살아온' 기적을 누려 왔다. 그래서 지금까지 우리의 생명이 연장되었다. 그러나 우리는 앞으로 '자신의 삶과 각자의 사역을 위해 살아갈' 기적이 더욱 필요하다. "가장 좋은 것은 아직 오지 않았다(The best has not come yet)!" 2006년 5월 25일부터 29일까지 미국 로스앤젤레스 컨벤션센터에서 열렸던 아주사 거리(Azusa Street) 부흥 100주년 대회 때 호주 힐송 교회의 브라이언 휴스턴

(Brian Houston) 목사가 외쳤던 구호이다. 그때 대형 강당에 참석한 청중이 그를 따라 외쳤다. 정녕 그렇다. "가장 좋은 것, 아니 최고의 것은 아직 오지 않았다!" 우리는 예수님의 재림을 기다리면서, "살아갈 기적"을 위해 더 큰 기적을 기대해야 한다. 나는 모든 독자가 자신들과 주님의 사역을 위해 날마다 더 큰 기적을 경험하기를 소원한다. 김종삼 시인의 『어부(漁夫)』라는 시와 같이, 나는 또한 독자들이 '살아갈 기적'에서 더 큰 기쁨을 누리기를 소원한다.

> 바닷가에 매어둔
>
> 작은 고깃배
>
> 날마다 출렁거린다.
>
> 풍랑에 뒤집힐 때도 있다.
>
> 화사한 날을 기다리고 있다.
>
> 멀리 노를 저어 나가서
>
> 헤밍웨이의 바다와 노인(老人)이 되어서
>
> 중얼거리려고
>
> 살아온 기적이 살아갈 기적이 된다고
>
> 사노라면
>
> 많은 기쁨이 있다고.

여러분 모두의 삶과 사역을 다음 말씀으로 축복하면서 본서의
마지막 글을 맺으려 한다.

- 시 107:23-24, 30-31 선척을 바다에 띄우며 큰 물에서 영업
하는 자는 여호와의 행사(the works of the Lord)와 그 기사
(his wonderful deeds)를 바다에서 보나니 저희가 평온함을
인하여 기뻐하는 중에 여호와께서 저희를 소원의 항구(their
desired haven)로 인도하시는도다. 여호와의 인자하심(his
unfailing love)과 인생에게 행하신 기이한 일(his wonderful
deeds)을 인하여 그를 찬송할찌로다

- 막 16:17-20 믿는 자들에게는 이런 표적(these signs)이 따르리
니 곧 그들이 내 이름으로 귀신을 쫓아내며 새 방언을 말하며
뱀을 집어올리며 무슨 독을 마실지라도 해를 받지 아니하며
병든 사람에게 손을 얹은즉 나으리라 하시더라 주 예수께서
말씀을 마치신 후에 하늘로 올려지사 하나님 우편에 앉으시
니라 제자들이 나가 두루 전파할 새 주께서 함께 역사하사 그
따르는 표적(the signs)으로 말씀을 확실히 증언하시니라

부록

부록
: 용어 연구(Word Studies)[41]

1. 기사(奇事; wonders; teras/terata(테라스/테라타)

　사복음 저자들은 예수님의 치유역사를 묘사하기 위해 여러 가지 단어를 사용하였다. 그중 하나가 "기사(奇事)"인데, 기적을 설명하기 위해 가장 많이 사용되었다(막 2:12; 4:41; 6:51; 7:37; 민 16:30; 행 3:10-11 참조). 기사는 표적(表迹; sign)이라는 단어와 함께 종종 사용되었다(행 4:30; 14:3; 롬 15:19; 마 24:24; 히 2:4). 이는 성경의 저자들이 기적을 기적의 주체이신 예수님과 연결시키려는 의도를 보여준다. 따라서 기적은 기적의 주체가 하나님(혹은 예수님)이라는 사실을 상기시키는 표적(sign)의 기능을 띄고 있다. 그래서 신구약 성경에서 17번에 걸쳐 "기적적 표적과 기사(miraculous signs and wonders)"를 함께 사용하는 것은 매우 흥미롭다(출 7:3; 신 4:34, 6:22, 7:19, 26:8, 29:3, 34:11; 느 9:10; 시 78:43; 렘 32:20; 단 4:2; 요 4:48; 행 2:43, 4:30, 5:12, 14:3, 15:12).

2. 표적(表迹; signs; semeion(세메이온)

　예수님의 치유는 하나님께서 역사하고 계신다는 표징(標徵)이다. 전술한 바와 같이, 표적은 기적의 주체를 보여주는 이정표(signpost)의 역할을 한다. 표적은 사람들을 변두리에서 중앙으로, 인식에서 믿음으로, 그리고 현재에서 미래로 인도하는 역할을 한다. 징조/징후로서의 표적은 다중적인 기능을 띤다. 첫째, 표적은 전파된 진리의 실체를 보여주는 능력을 확증하는 역할을 한다(막 16:17 참조). 즉 표적을 통해 선포된 말씀이 하나님의 계시된 말씀이라고 입증된다. 둘째, 표적은 또한 예수님, 사도 바울 및 모세와 같은 사역자들이 하나님의 일꾼으로 공식적으로 인정받는 신임장(credential)으로 여겨진다(마 16:1; 고후 12:12; 출 4:1-8). 셋째, 표적은 예수님께서 행하신 여러 가지 기적적 역사를 묘사하기 위해 사용되었다. 표적 자체가 기적을 항상 동반하는 것은 아니지만, 예수님의 치유의 한 영역을 묘사해 주는 중요한 역할을 한다. 이런 종류의 표적의 보편적 용도는 치유는 좀 더 심오하고 중요한 어떤 것, 예를 들면, 하나님의 임재의 체험 혹은 하나님의 목적에로의 헌신으로 인도하는 디딤돌의 역할을 한다.

3. 권능/능력(權能/能力; powers/mighty works; dunamis(두나미스)

기적은 예수님 안에 내재된 하나님의 강력한 능력이 나타나는 "능력"을 의미한다(행 8:10 참조). "표적(*semeion*)"이 기적의 "최종적 원인(the final cause)"을 의미한다면, "권능/능력(*dunamis*)"은 "효율적 원인(the efficient cause)"을 의미한다. 두나미스(*dunamis*)는 복수로서 "권능"(마 7:22, 11:20; 눅 10:13), "능력"(막 6:14), "놀라운 능력"(행 19:11), "능력 행함"(고전 12:10,28; 갈 3:5)으로 번역되었다. 신약성경의 한 구절에 전술한 세 단어가 함께 사용된 것은 매우 흥미롭다. "이스라엘 사람들아 이 말을 들으라 너희도 아는 바와 같이 하나님께서 나사렛 예수로 큰 권능(works of power; *dunamis*)과 기사(wonders; *teras*)와 표적(signs; *semeion*)을 너희 가운데서 베푸사 너희 앞에서 그를 증언하셨느니라"(행 2:22).

4. 일/역사(役事; works; erga(에르가))

기적에 대한 가장 단순한 단어는 '일(works)'인데, 이 단어는 특별히 요한복음에서 흔히 발견된다(요 5:36, 7:21, 10:25,32,38, 14:11-12, 15:24). 이 단어는 매우 중요한 의미를 지닌다. 왜냐하면 이 단어는 기적과 '초자연적'이란 단어의 오용에 대해 반대 방향을 지적하기 때문이다. 이 단어는 예수님의 치유가 자연적이란 사실을 암시한다. 예수님 자신도 환자를 치유하는 그의 사역이 자연적이고 일상적 활동인 것처럼 종종 말하곤 했다. 예수님은 그의 제자들에게 그들도 예수님이 행하신 일들, 심지어 이것들보다 더 큰 일을 할 수 있다고 확신시켰다(요 14:12). 기적과 관련된 '일'이란 단어는 성경에 다양한 수식어와 함께 등장한다. 예를 들면, "큰 일(great things)"(눅 1:49), "이상한(놀라운) 일(strange things)"(눅 5:26), "영광스러운 일(glorious things)"(눅 13:17), "놀라운(이상한) 일(wonderful things)"(마 21:15), "기이한 일(marvelous things)"(시 78:12, 105:5; 사 29:14).

미주

1 헨리 블랙커비와 클로드 킹(Henry T. Blackaby and Claude V. King), 『하나님을 경험하는 삶(*Experiencing God*)』(서울: 요단출판사, 1993), 38.
2 기적(은사) 종식론의 성서적 및 교회사학 평가에 관해서는, 구자원, 『기적의 은사를 구하라: 평신도용』 및 『기적의 은사를 구하라: 목회자용』(서울: 뉴라이프북스, 2019)를 참조하라.
3 프랜시스 맥너트(Francis McNutt), 『거의 완벽한 범죄(*The Nearly Perfect Crime*)』(서울: 순전한 나드, 2007), 164. 피터 와그너(Peter Wagner), 『신학대학에서 배우지 않은 일곱 가지 능력 원리(*7 Power Principles I Learned after Seminary*)』, 12.
4 찰스 크래프트(Charles H. Kraft), 『능력 그리스도교(*Christianity with Power*)』(서울: 나단, 1992).
5 닐 앤더슨(Neil T. Anderson), 『이제 자유입니다(*The Bondage Breaker*)』(서울: 죠이출판사, 1994), 120.
6 찰스 크래프트, 『능력 그리스도교』, 52, 61.
7 기독교인 세계관에 관해서는 같은 책, 69-89를 참조하라.
8 피터 와그너, 『신학대학에서 배우지 않은 일곱 가지 능력 원리』, 13.
9 칼 필레머(Karl Pillemer), 『내가 알고 있는 걸 당신도 알게 된다면(*30 Lessons for Living*)』(서울: 토네이도미디어그룹, 2012), 186.
10 http://news.chosun.com/site/data/html_dir/2009/11/06/2009110601066.html.
11 김기현 목사, "'겨자씨' 저주의 종착지," 2010년 6월 10일 국민일보 미션지면 1면.
12 켄 블루(Ken Blue), 『치유의 권세(*Authority to Heal*)』(Downers Grove, IL: Intervarsity, 1987), 89.
13 로버트 D. 하이들러(Robert D. Heidler), 『너 자신을 자유케 하라(**Set Yourself Free**)!』(서울: WLI Korea, 2006), 26.
14 장-디디에 뱅상(Jean-Dedier Vincent), 『인간 속의 악마(*La Chair et le Diable*)』

(서울: 푸른숲, 1997), 342.
15 메릴 F. 엉거(Merril F. Unger), 『성도들을 향한 귀신들의 도전(*What Demons Can Do to Saints*)』 (서울: 요단출판사, 1985), 25.
16 딘 셔만(Dean Sherman), 『모든 그리스도인을 위한 영적 전쟁(*Spiritual Warfare for Every Christian*)』 (서울: 예수전도단, 1992), 33.
17 제시 펜 루이스(Jessi Penn-Lewis), 이반 로버츠(Evan Roberts), 『성도들의 영적 전쟁(*War on the Saints*)』 (서울: 벧엘서원, 2003), 133.
18 Derek Prince and Don Basham, *The Unseen War* (UK: New Wine, 1980), 68; Don Basham, *Deliver Us from Evil* (Grand Rapids, MI: Chosen Books, 1997), 105.
19 티모씨 워너(Timoth M. Warner), 『영적 전투(*Spiritual Warfare*)』 (서울: 죠이선교회, 1993), 81.
20 프란시스 맥너트(Francis MacNutt), 『악한 영으로부터의 자유(*Deliverance From Evil Spirits*)』 (서울: 은혜출판사, 2000), 243-246.
21 디 엘 무디(D. L. Moody), *Secret Power: The Secret of Success in Christian Life and Work*, Updated Edition (Abbortsford, WI: Aneko Press, 2017), 27-54.
22 리차드 포스터(Richard Foster), 『기도(*Prayer*)』 (서울: 두란노, 1995), 320.
23 같은 책, 같은 면.
24 같은 책, 같은 면.
25 찰스 크래프트(Charles Kraft), 『신자가 소유한 놀라운 권세(*I Give You Authority*)』 (서울: 베다니, 2000), 57-58; 리차드 포스터, 『기도』, 314.
26 리차드 포스터, 『기도』, 314.
27 D. Crawford, *Miracle in Indonesia* (Wheaton, IL: Tyndale Publishing House, 1972), 75-76; K. Koch, *The Revival in Indonesia* (Grand Rapids, MI: Kegel Publishers, 1972), 258-259.
28 찰스 크래프트, 『신자가 소유한 놀라운 권세』, 57.
29 안우성, 『안수로 병 고치는 내과 의사』 (서울: 규장, 2006), 178-179.
30 이윤호, 『내 안의 적을 추방하라』 (서울: 베다니, 2006), 111.
31 http://media.daum.net/society/nation/seoul/newsview?news-id=20080828020407706.
32 에드 머피(Ed Murphy), 『영적 전쟁 핸드북(*The Handbook for Spiritual Warfare*)』 (서울: 두란노, 1999), 834-836.
33 찰스 크래프트, 『신자가 소유한 놀라운 권세』, 208-209.
34 같은 책, 186.
35 로버트 리아돈(Robert Liardon), 『치유 사역의 거장들(*God's Generals: Why They Succeeded and Why Some Fail*)』 (서울: 은혜출판사, 2003).

36 영어 원문의 가사는 십자가의 고난 후에 받을 면류관의 상급에 대해 강조한다. 이는 "최후 승리의 전리품들을 (주님의 발 앞에) 내려놓을 때까지 나는 그 낡고 거친 십자가에 꼭 매달리렵니다. 그리고 언젠가 그 십자가를 면류관으로 바꾸어 쓰렵니다(Till my trophies at last I lay down; I will cling to the old rugged cross And exchange it some day for a crown)."라고 영어 원문이 되어있기 때문이다.
37 로빈 샤르마(Robin S. Sarma), 『내가 죽을 때 누가 울어 줄까(Who Will Cry When You Die)?』 (서울: 산성미디어, 2000), 13.
38 구덩이, 경호 대장 집, 감옥, 및 궁전은 모두 'ㄱ'로 시작된다, 반면에 영어로 Pit, Potiphar's House, Prison, Palace로 요셉의 인생은 'P'자 인생으로 일컬어질 수 있다.
39 영적 후계자는 "계승자"로 여겨진다. 계승자 없는 승자란 없기 때문에, 성공하는 지도자는 존 맥스웰이 강조하는 『리더십의 21가지 불변의 법칙』에서 21번째 법칙인 '유산의 법칙'을 몸소 실천해야 한다. 이에 대한 자세한 내용은, 피터 와그너(Peter Wagner), 『악어와의 레슬링, 예언, 그리고 신학: 교회 안에서 일생 동안 배운 가르침들 - 회고록(Wrestling with Alligators, Prophets and Theologians: Lessons from a Lifetime in the Church-A Mentor)』 (서울: WLI, 2010), 410-413.
40 찰스 크래프트, 『사악한 영을 대적하라(Defeat Dark Angels)』 (서울: 은성, 1995), 69.
41 용어 연구를 위해 다음과 같은 자료를 참조하였다. Michael Harper, *The Healing of Jesus* (Downers Grove, IL: InterVarsity Press, 1986), 179-183; Herbert Lockyer, *All the Miracles of the Bible* (Grand Rapids, MI: Zondervan Publishing House, 1961), 15-16; R. C. Trench, *Notes on the Miracles of our Lord* (Grand Rapids, MI: Baker Book House, 1965), 3-7.

두나미스
영성치유상담연구원

【 등록 및 문의 】
경기도 가평군 설악면 유명산길 61-52
Tel : 010-6338-8276
E-Mail : dream4god@naver.com

마 9:35-38; 마 10:1

35 예수께서 모든 도시와 마을에 두루 다니사 그들의 회당에서 가르치시며 천국 복음을 전파하시며 모든 병과 모든 약한 것을 고치시니라 36 무리를 보시고 불쌍히 여기시니 이는 그들이 목자 없는 양과 같이 고생하며 기진함이라 37 이에 제자들에게 이르시되 추수할 것은 많되 일꾼이 적으니 38 그러므로 추수하는 주인에게 청하여 추수할 일꾼들을 보내 주소서 하라 하시니라; (마 10:1) 예수께서 그의 열두 제자를 부르사 더러운 귀신을 쫓아내며 모든 병과 모든 약한 것을 고치는 권능을 주시니라

치유받은 후 전임 치유 사역자로 일하고 싶은 당신. 그 꿈을 한국의 유일한 영성치유전문연구원인 두나미스에서 이뤄보십시오. 두나미스 영성치유상담연구원 원장인 이윤호 박사는 신학 및 상담심리학의 두 개 분야의 박사 학위를 소지한 실천신학자이자 교수, 선교사, 목회자 및 상담자로서 26년간의 다양한 사역 현장 및 수학 경험을 통해 축적해온 그만의 탄탄한 전문 지식과 경험과 영성을 헌신된 소수 정예의 훈련생에게 전수합니다.

특히, 본 연구원은 국내에서는 물론 세계에서도 드물게 성령사역 및 치유 사역, 기독교 영성 상담, 일반 심리 상담 등을 통전적으로 훈련받을 수 있는 권위 있는 교육 기관이 되었습니다. 개인 치유 상담에 관심이 있거나, 전인 치유 사역자로서 은사나 사명이 있으신 분들은 본 연구원에서 집중적으로 훈련을 받을 수 있습니다. 교육 및 훈련 과정은 치유 사역의 신학적 기초(혹은 몸의 치유), 내적 치유, 영적 전쟁과 축귀 사역, 성령의 은사와 기름 부으심, 그리고 인턴십으로 구성되어 있습니다. 전인 치유 사역에 필요한 영성, 지식, 기술 및 능력 전수를 통해 전문 치유 사역자 혹은 영성 상담자가 되기를 소원하는 있는 분들을 기다립니다.

가평 유명산자연휴양림과 근접한 두나미스 영성치유상담연구원은 친환경 목조 건물로서 예배실/강의실, 숙소, 야외 식당 및 카페, 도서관, 산책 코스를 완비한 최적의 교육 환경입니다. 따라서 두나미스 영성치유상담연구원은 영성과 자연이 하나가 된 치유와 회복과 배움과 훈련의 터전입니다.